神さまが教える

風水の教科書

開運セラピスト
紫《し》月《づき》香《か》帆《ほ》 監修

ナツメ社

プロローグ

結婚おめでとう〜〜
いいなぁ〜
すてきな旦那さん
ね〜♡
実は私も
今度結婚する
んだー
みんなどんどん
幸せになってく…
私なんて
最近ダメ男にしか
出会わないのに…
メシおごってくれ
ガーン
テヘ♡
そ…そーなんだー
おめでとー
はぁ〜
最近いいこと
ないなー
ご祝儀って
キツイなー
今月は
出費が多かったなぁ
あといくら
残ってるんだろう
あっ
チャリン
チャリン
ガシャ
カツッ
くすくす
はずかしぃし…
いったぁ〜い
もう最悪…
あ!
ヒールがとれた
あっ!すりむいてる
はぁ…
誰か私を
助けて…
ぐすん
助けを
お求めかい?

だ、誰？
私は風水を取り入れて開運している人のところに現れる神じゃ
ふわ
ふわ
え でもなんで私のところへ？
おぬしがあんまり気の毒になってのぅ
ほっほっほ
それかしてみ
風水を試してみてはどうかな？
風水って…？
聞いたことはあるけどおまじないか何か？
そうではない
風水とは古代の中国で生まれた学問で、生活に風水を取り入れることで自分自身で運を引き寄せるという考え方のことじゃ
運は待っているだけじゃやってこないぞ
はい直ったよ
でも私なんかにできるのかなぁ
ありがとうございます
なーに 風水は楽しみながらやることが大切なんじゃ
ホント？
仲間たちも集めて みんなで応援するぞ！さぁ 始めよう！

風水の基本

風水は、古代中国の思想に基づいた開運のテクニック。
まずは、風水とはどんなものなのかを知りましょう。
風水がわかったら、日常生活に取り入れて幸運をつかみましょう。

風水は環境学。占いやおまじないではない

風水は、占いや願いごとをかなえるためのおまじないではありません。風水とは、古代中国の学問のひとつで、根拠のないおまじないなどとは全くちがうもの。**人が生活する環境を整えるための環境学**といえるでしょう。

風水では、自然界のものが持つパワーのバランスを考えて、「気」と呼ばれるエネルギーの流れをコントロールすることで、暮らしによい環境をつくることを目指しています。

目に見えない「気」をとらえること

「気」は目に見えない自然のエネルギー。風水では「気」を「よい気」と「悪い気」に分け、「よい気」を取り込み、「悪い気」を取り除くことを考えます。さらに、「気」は動いているとよいとされているため、**幸運を呼ぶには、「よい気」が常に流れている環境をつくる**ことが大切です。

「気」は次のページで解説する五行《ごぎょう》に分けられ、関係する五行の「気」を高めることで運気を引き寄せられます。

五行の運気を五感を通じて取り入れる

「気」は、周囲に流れるだけでなく、体にも取り込むことができ、**その人の運気を左右**します。もちろん、体にも「よい気」を取り込み、幸運体質になることが大切。

体に「よい気」を取り込むには、**視覚・聴覚・嗅覚・味覚・触覚**の五感を通して行います。五行の運気を五感から取り込むことで、環境だけでなく、体の中も「よい気」で満たされ、あなたを幸運に導いてくれます。

五行と五感のポイント

運気アップのコツは五行のバランスを整えること

風水の考え方のベースの一つは「五行説」。すべてのものは、木《もっ》・火《か》・土《ど》・金《ごん》・水《すい》の五行から成り立つという考え方で、五行それぞれが影響を与える運気があるとされています。また五行には「相生」と「相剋」の関係があるので、そのバランスを整えることで運気をアップさせます。

五行の関係

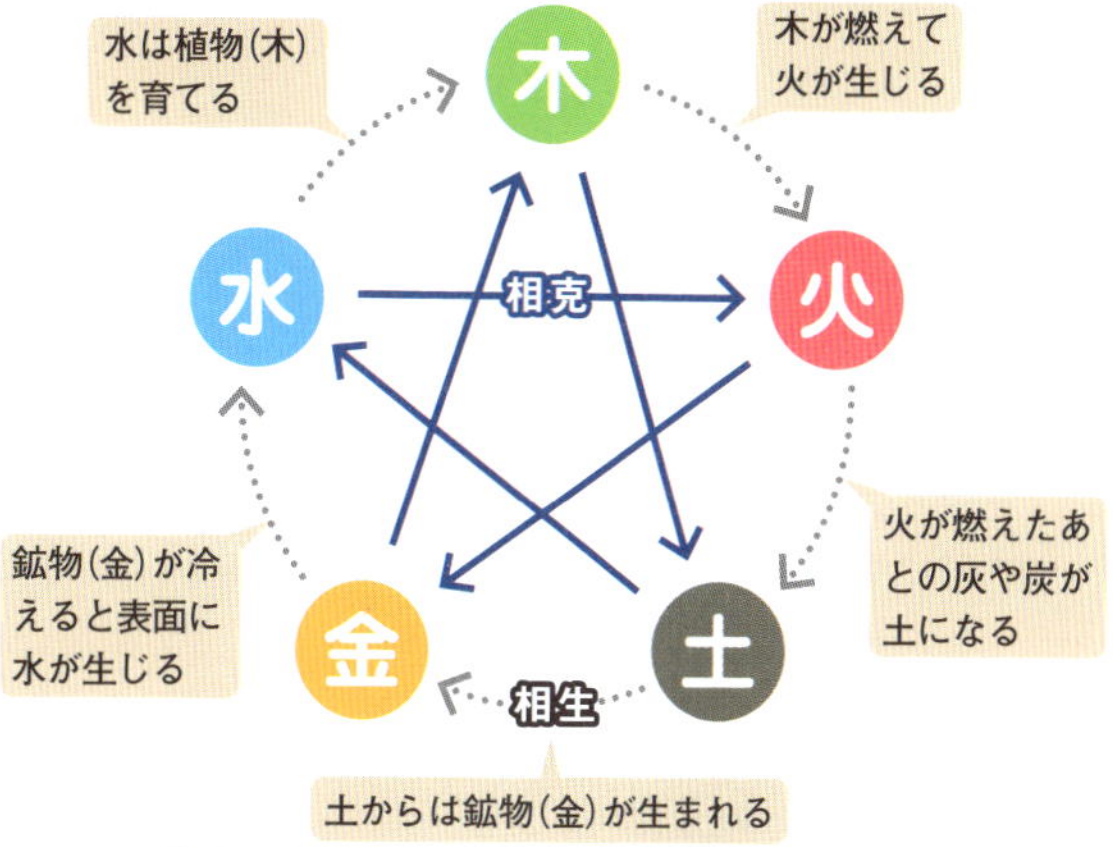

木
火
土
金
水
水は植物(木)を育てる
木が燃えて火が生じる
火が燃えたあとの灰や炭が土になる
土からは鉱物(金)が生まれる
鉱物(金)が冷えると表面に水が生じる
相克
相生

相克《そうこく》 →
お互いに反発して、良いところを打ち消し合ってしまう関係。

相生《そうしょう》 ⋯⋯>
お互いに良い影響を与え合い、どちらも発展していく関係。

五感の取り入れ方

人の持つ五感は、五行の運気をキャッチするアンテナ。感度をよくして取り込みましょう。

見る	色や景色、デザインなどの目に見えるものから。
聴く	声や音楽などの耳に入るすべての音から。
嗅ぐ	花やハーブ、芳香剤などの香るものから。
味わう	食べものや飲みものなどの口から取り込むものから。
触れる	手や肌で感じることができるものから。

五行が関係する運

五行にはそれぞれ関係のある運気があります。ほしい運気に合わせて五行の気を取り込んで。

木	恋愛運・結婚運・人間関係運
火	才能運・美容運
土	仕事運・家庭運
金	金運
水	健康運・子宝運

この本に出てくるキャラクター

この本では、全体運の神を初めとした、
金運、恋愛運、仕事運、人間関係運、家庭運、健康運の
７人の神様たちが、風水の開運方法をナビゲートしてくれます。
まず初めに、それぞれの神様の性格と、その神様が
やってくることでもたらしてくれる運を紹介します。

現在 恋人募集中！
ワン！

主人公

明るく素直な性格の30歳OL。ひとりぐらしを始めて５年が経つが、家事は得意とはいえず、掃除や片付けにはちょっぴりルーズな一面も。犬を飼っている。ある日、泣いているところに現れた全体運の神にすすめられ、不安ながらも風水を始めた。

わからないことは
わしに聞いておくれ
風

全体運の神

全体運を司る、そのほかの６人の神様たちのリーダー。普段はおおらかな性格だが、風水的にNGなものを見つけると目つきが変わることも。風水のことなら、なんでも知っている。

関係する運気やもたらすパワー

すべての運気、厄除け

光るものには
目がないわよ！
金

金運 の神

好きな色は、黄色とゴールド。キラキラ輝くものが大好き。姉御肌で根はやさしいが、わがままでプライドが高いため、一度嫌われてしまうと仲直りが難しい。財布の扱いが雑な人には寄りつかないと決めている。

関係する運気やもたらすパワー

金運、昇給、貯蓄運、財運、不動産運、ギャンブル運、臨時収入

恋愛運 の神

恋愛は女性の魅力アップに欠かせないものと信じ、恋する乙女をいつも全力で応援している。ひらひらしたものや、香りのよいものが好き。リボンなどの長いものを身につけていると縁を結んでくれる。

関係する運気やもたらすパワー

恋愛成就、結婚運、良縁、出会い運、縁結び、女性らしさ、フェロモン、モテ運

すてきな出会いを
引き寄せましょ♡
恋

仕事と遊びは
メリハリが大事さ！
仕

仕事運 の神

やる気はあるのに才能を出し切れていない人を見ると放っておけない。仕事と遊びにけじめをつけていない人を嫌い、仕事用アイテムにもこだわりがある。くつを大切に扱う人に味方してくれる。

関係する運気やもたらすパワー

昇格・昇進、安定運、やる気、ひらめき、才能、勝負運、自信、スポンサー運、勉強運

流行りものには
敏感だよ
人

人間関係運 の神

とにかく丸いものが好きで、角張ったものが苦手。フルーツの香りやオレンジ色など、楽しげでポップなものがあるところに、よく現れる。好みのタイプは笑顔が魅力的な人。特技は、けんかの仲裁。

関係する運気やもたらすパワー

コミュニケーション運、友情運、好感、人気運、社交運、人間関係のトラブル解消、縁切り

和室がある家って
とっても落ち着くの
家

家庭運 の神

安定志向。おっとりした性格で、家族に愛情を持って家事をすることを、モットーとしている。だらしなくずぼらな生活をする人には批判的。自然や大地のエネルギーを感じられるものが好き。

関係する運気やもたらすパワー

家庭円満、愛情運、家庭的、夫婦円満、セックス運

美しく、健康に
なりましょ！
健

健康運 の神

きれい好きで美意識が高いため、汚いものが大嫌い。とくにトイレやお風呂など、水まわりが不衛生な家には、近寄ることもしない。リラックス効果の高いものが好き。一日のうちでは午前中がもっとも得意な、朝型体質。

関係する運気やもたらすパワー

健康維持、体調改善、美容運、美意識、ダイエット、活力、成長、子宝運、体力

もくじ

3章 開運行動を習慣にしましょう

1 章

おうちを掃除しましょう

運気を引き寄せるには、生活環境が快適な状態であることが大前提じゃ
ふむふむ
おぬし、普段から家の掃除はきちんとしておるかな？
うっ……し、してないです……
ほっほっほ やっぱりのぅ それじゃ まずは家の掃除からじゃな
掃除のポイントと合わせて どんな運気が アップするかも 教えてあげよう
ぜひ～～～！ 私 なんでも 頑張ります！
できれば 部屋別に お願いします！
よしよし よい姿勢じゃ

家をきれいにして気の流れをスムーズに

風水では、気の流れを大切にします。よい気は、流れが滞ってしまうと悪い気に変わってしまいます。ですから、**家の中はいつでも、気がスムーズに流れる環境**にしておかなければなりません。

そのためには、気の流れを乱す障害物を取り除くこと。乱雑に散らかっているものや汚れは、気の流れを乱す最大の原因となります。だからこそ風水では、**掃除と整理整頓がもっとも大切**なことなのです。

こまめな掃除で運気ダウンを軽減

掃除や整理整頓は、日頃から心がけておけば、それほどたいへんなものではありません。たとえば、使ったものはすぐに片付ける。それを習慣にすれば、床が散らかってしまうこともなくなります。**日頃の意識を少し変えるだけ**でよいのです。

また、こまめに掃除を行っておけば、悪い気が発生し始めていても早めに回避できるので、運気に影響することを防げます。

掃除をする時間は、気が活発に動く午前中がよいとされています。休日の午前中は普段より時間をかけて掃除をしてみては。その日の運気もアップするうえ、その後の1週間も気持ちよく過ごせるでしょう。

掃除の基本

1 床に散らかっているものを片付ける

床にものが散らかっていると、気の流れが乱れてしまいます。使ったものは片付けて、いつも気がスムーズに流れるようにしましょう。

2 整理整頓で使いやすく。必要ないものは処分を

使わないものをいつまでも置いておくと、悪い気を発するようになります。定期的にいるものといらないものを分別して、整理整頓しましょう。

3 カビや汚れを落とす！湿気対策も忘れずに

カビや汚れは悪い気の根源に！　家じゅうをピカピカにすれば、悪い気をシャットアウトできます。カビの原因となる湿気対策も心がけて。

すべての運の出入り口

玄関

★ ここで引き寄せられる運気 ★

ものをなくしてすっきりと

人が出入りする玄関は、気の入り口でもあります。外のよい気を招き入れれば、家が幸運に恵まれます。ものはなるべく置かず、広々とした玄関にしてよい気を迎え入れましょう。

ドアノブをピカピカにする

光るものを目がけて幸運がやってくる

金運は光り輝くものに吸い寄せられてくるもの。ドアノブが金属製なら、ピカピカに磨きましょう。めがね拭きなどの布を使うのがおすすめです。

土ボコリで汚れやすいドアの表面も、まめに拭きましょう。玄関のドアをきれいにしておけばすべてのよい運気が入ってきます。

照明を明るくする

明るい玄関で気持ちも明るく

暗い場所は悪い気を呼び寄せてしまうので、玄関は明るく。また、明るい玄関は気持ちを明るくしてくれます。電球が切れているのはもってのほか。暗くなったら、早めに交換を。照明は明るいものを選びましょう。

照明が汚れているのはNG。ハタキなどを使ってホコリを払いましょう。

豆知識

表札をつけて運気に存在感をアピール

表札がない家は、誰も住んでいないとみなし、運気が素通りしてしまいます。名字だけでもよいので必ず設置して。あなたの存在が目にとまり、運気がやってきます。

ゴミやダンボールを片付ける

トラブルを回避する

ゴミは悪い気を引き寄せるので、玄関には置かないで。また、紙は悪い気を含む湿気を吸い込みやすいので、段ボールを置くのもNG。悪い気を発する障害物はトラブルの元。きちんと片付けて、トラブルを回避して。

スリッパを片付ける

家庭内のトラブルを防ぐ

スリッパは足の裏から出る汚れた気を吸っています。出しっ放しでは汚れた気をまき散らすことに。必ずラックなどに片付けて。スリッパは家庭運に影響するアイテム。きちんと片付けることで、小さなけんかが減ります。

折れたかさや古いかさを処分する

不運なできごとを防ぐ

壊れたものや古いものはよい気を遠ざけ、不幸を招くことに。折れた傘や古い傘がいつまでも置いてあるなら処分しましょう。

また、雨は汚れやホコリなどのマイナスの気を含んでいるので、かさを濡れたまましまってはダメ。必ず乾かしてからたたんでしまいましょう。

レジャー用品を片付ける

仕事に集中できるようになる

玄関にゴルフバッグやスノーボードなどのレジャー用品を置いておくと、持ち主が仕事よりも遊びを優先するようになってしまいます。怠けぐせがついてしまうことも。仕事に集中したいなら、レジャー用品は玄関以外のところにきちんと収納して、玄関はすっきりとさせておきましょう。

たたきを水拭きする

外から入る厄をしっかり落とす

たたきは、くつが外から持ち込んできた厄で、悪い気がたまりやすいところ。はき掃除だけでなく、必ずぞうきんがけをして厄をきれいに落としましょう。そうすることで家の運気が安定します。ただし、汚れたぞうきんはNG。清潔な白い布で隅々まできれいに水拭きしましょう。

習慣にして 運気UP

たたきに出しておくくつは1足か2足に

たたきには余分なものは置かず、よい気が通りやすい状態に。出しておくくつは、その日に履いたくつプラス1足までに。帰宅したら必ずくつの汚れを払い、くつ箱にしまいましょう。

くつ箱の中を整理する → 仕事運が安定する

仕

くつ箱にくつをぎゅうぎゅうに詰め込むと、くつについた悪い気が充満。仕事運が安定しなくなります。不要なくつは処分し、きちんと整理を。

また、くつ箱にバッグなど、くつ以外のものを入れてはダメ。場違いなことをするくせがつき、仕事上でも本来の役割が果たせなくなります。

はかないくつは
いさぎよく処分して
はーい
仕
ボロッ

季節外れのくつを片付ける → 人間関係の誤解を防ぐ

人

ブーツやサンダルなど、季節外れのものを一年中出しっ放しにしておくのは、季節感を無視した行動です。その家に住む人にも「的外れ」の気が生じ、まわりに誤解を与えやすい体質になってしまいます。季節外れのくつは、汚れを落としてきちんとしまいましょう。

豆知識

くつは仕事運の象徴。大切に扱って運気アップ！

くつを大切に扱うと、仕事運がアップするとされています。くつを傷めないようにくつべらを使う、型崩れ防止のシューキーパーを使って保管するなど、ていねいな扱い方を習慣にしましょう。大切な仕事の日は出かける前に、成功をイメージしながらくつを磨いて。自分で磨くことがポイントです。また、くつ箱の中は除湿剤などを置いて、湿気をこもらせないようにしましょう。

住む人の運気に大きく影響

リビング

居心地のよい空間に

多くの時間を過ごすリビング。くつろぎやすい場所にすることが、幸運につながります。物を片付けて、きれいに掃除をしておくことで、よい気が入ってくるでしょう。

家
人
風
★ ここで引き寄せられる運気 ★

ソファーに脱ぎ散らかした服を片付ける

風

運気が安定する

ソファーは、そこに座ってくつろぐためのもの。ソファーの上に脱ぎっ放しの服などが積み重なっていると、座ることができず、安らげません。

また、乱雑に積まれたものからは、悪い気が拡散し、運気も乱れがちに。

服は脱ぎっ放しにしないで、必ず片付けましょう。ソファーの上がすっきりすれば運気も安定します。

ついつい置いちゃう…

たまった雑誌や新聞紙を片付ける

風

悪運がたまるのを防ぐ

紙は気をよく吸う性質があるので、雑誌や新聞紙をいつまでも放っておくと、玄関にたまった悪い気を、どんどん吸い込んでしまうことに。必要な記事のみスクラップして、あとはこまめに捨てるようにしましょう。

じゅうたんやラグをこまめに掃除する

家

家族の関係が安定する

家族が和やかに過ごすには、こまめに掃除機をかけて、じゅうたんやラグをきれいにすること。足元を清潔に保てば土台が安定し、家族関係も安定します。フローリングの場合は、モップがけをしましょう。

テレビまわりのホコリを掃除する

コミュニケーション力の低下を防ぐ

情報をもたらすテレビなどが汚れていると、コミュニケーション力が低下します。テレビは、とくに静電気でホコリがたまりやすいもの。乾いた布などでこまめに拭きましょう。

また、裏側のコード類も気づかないうちにホコリがたまってしまいがち。コードもときどき拭きましょう。

エアコンのフィルターを掃除する

人間関係のくもりが晴れる

エアコンを快適な温度に設定して過ごしていても、フィルターが汚れていては、悪い気を循環させるだけ。人間関係に悪い影響が出てしまいます。

フィルターはときどき外して、掃除機でホコリをとったら、ぞうきんやスポンジを使って水拭きを。フィルターをきれいにすれば、よい人間関係に恵まれるでしょう。

カーテンを洗う

家全体が幸運に恵まれる

窓が気の出入り口なら、カーテンは、気の出入りをコントロールするもの。そのカーテンが汚れていては、せっかくのよい気が入ってきません。また、汚れていなくても臭いは染みついています。シーズンごとに洗って。

使っていない季節家電を片付ける

チャンスを逃さない

季節外れのものは、「的外れ」「タイミングの悪さ」を生じます。たとえば冬に扇風機を出しっ放しにしていると、チャンスを逃すことに。季節家電は、使わない時期になったら掃除をして片付けておきましょう。

窓や網戸を掃除する

よい出会いを引き寄せる

窓は気の大きな出入り口。窓ガラスや網戸が汚れていると、よい気が入らず悪い気ばかりが入ってきてしまいます。よい出会いどころか、悪い出会いを引き寄せてしまうことに。

窓ガラスは拭き掃除を。網戸は外して洗うか、外せない場合は水拭きをして汚れをとりましょう。

習慣にして 運気UP

日に一度は換気する

家の中の気の流れをよくするためにも、一日に一度は窓を開けて空気を入れ替えましょう。新鮮な空気とともに、よい気が入ってきます。とくに朝は、5分でもいいので毎日開ける習慣をつけましょう。

大地のエネルギーが宿る

和室

たたみのパワーを十分に生かそう

湿気対策を徹底的に

和室はたたみの上で過ごすだけで気分が落ち着くものです。和室特有の床の間の扱いや、たたみや障子などの湿気対策を徹底して、より快適な空間に。とくに家庭運がアップします。

★ ここで引き寄せられる運気 ★

障子の手入れをする → 無駄遣いを防ぐ

障子に穴が開いていたり破れていたりすると、そこから運気が漏れてしまいます。とくにお金を貯めることができなくなり、貯蓄運がダウン。障子に穴が開いたら、すぐにふさぎましょう。張り替えるのがたいへんなら、とりあえず専用のシールを貼っておいてもOK。また障子が黄ばんでいては、よい気は入ってきません。定期的に張り替えを。

障子の桟《さん》を掃除する → 家庭内のトラブルを防ぐ

障子の桟は、とくにホコリがたまりやすいところ。ホコリは悪い気を発するので、たまると家庭内にトラブルが起こることも。桟のホコリは、こまめにはたきで払いましょう。きれいにしておけば、トラブルを防げます。

床の間をから拭きする → 邪気を払う

床の間は、古くから先祖や神様が宿るとされる尊い場所。いつもきれいにしておけば、不運なできごとから身を守ってくれます。完ぺきな掃除が無理なら、さっとから拭きするだけでもOK。必ずきれいな布を使いましょう。

たたみを水拭きする

家庭が円満になる

植物のい草を原料とするたたみは、家庭運を左右するアイテム。いつもきれいに保てば夫婦仲も円満になるでしょう。

まずは掃除機をかけます。たたみの目にそってかけると、たたみを傷めません。掃除機をかけ終わったら、かたくしぼったぞうきんで拭き掃除を。

豆知識

和室のリビングは家庭運アップ

たたみは家庭運アップに欠かせない強力なアイテム。そのため、家族みんなが過ごすリビングに和室を利用するのは、大正解。家庭円満になるでしょう。和室は寝室にもおすすめです。

気の
リセットを
行う

寝室

幸運体質の基本は
寝室にあり！
健
仕

★ ここで引き寄せられる運気 ★

寝具はいつも清潔に

寝室は一日の疲れをとって新しい気をチャージする場所。悪い気がこもっていては疲れがとれず、パワーも得られません。汚れた寝具は悪い気を発生させるので、清潔を心がけましょう。

ベッドの下をきれいにする

健

体調がよくなる

ベッドの下はホコリがたまりやすいところ。ベッドの下が汚いと、悪い気がたまり、上で寝ている人が悪い気を吸収して体調を崩すことに。掃除をするときには、忘れずにベッドの下もきれいにして。

下に収納スペースがあるベッドの場合、乱雑な収納では悪い気を発して体に悪影響が。整理を心がけましょう。

シーツや枕カバーを洗う

健

疲れがすっきりとれる

シーツや枕カバーは、寝ている間に体から出た気を吸っています。洗わないでおくと、どんどん悪い気がたまり、疲れがとれにくくなるので、汚れは見えなくても、寝具はまめに洗いましょう。

枕まわりをすっきりさせる

仕

安眠できて集中力がつく

睡眠中は頭から新しい気を補充しているため、枕まわりがごちゃごちゃしていると、新しい気が入りにくくなります。安眠もできず、翌日に集中力がなくなるので、余計なものは片付けましょう。

1
わー！
どうしたの
その顔！
すごい
くま
だよ?!
どよ〜ん
2
もしかして
しばらく
ふとんを
干してない
んじゃない?
そういえば
最近いつ
干したっけ
なー
3
寝具には
厄がたまり
やすいから
たまには
干さないと！
それっ
4
数日後・・・
なんか
最近
体が
軽いな〜
フフッ
効果
てきめん
ね！

晴れた日にふとんを干す

太陽のパワーを吸収して運気アップ

寝ている間にかいた汗を吸ったふとんは、放っておくと悪い気を発してしまいます。晴れた日には外に干して、太陽のよい気をたっぷりと吸収させましょう。ふかふかになったそのふとんに寝れば、あなたにも太陽のよい気が取り込まれ、運気がアップ！

習慣にして 運気UP

毎朝、ベッドメイキングをする

ベッドメイキングは、夜の気から、朝の活動的な気に切り替える行動。活動意欲へのスイッチが入り、はりきって一日が始められます。才能や能力もアップ。毎朝の習慣にしましょう。

お金や財を集めて貯める

収納

★ここで引き寄せられる運気★

ゆとりのある収納を

収納スペースはゆとりが大事。古いものやいらないものがぎゅうぎゅうに詰め込まれていると、新しい気が入ってきません。まずは整理整頓をして、よい気が入るゆとりを作って。

通気をし、除湿剤を取り替える

悪い運気がたまるのを防ぐ

閉ざされた収納スペースは、湿気がたまりやすいものです。湿気は悪い気の発生のもとなので、除湿剤を置くなどして必ず除湿をしましょう。

消臭と、浄化作用がある炭を置くのもおすすめです。除湿剤や炭は、定期的に取り替えを。ときどき扉を開けて、通気するのもよいでしょう。

夏服と冬服をきちんと分ける

ミスを防ぐ

季節の異なるものを一緒に収納すると、気が乱れて運気のアップダウンが激しくなり、いろいろな場面でミスが多くなりがちに。夏服と冬服は、同じクローゼットの中でもエリアを分けて収納しましょう。

アイテムごとにラベルを貼って整理

判断や行動に無駄がなくなる

ラベルを貼るなどでわかりやすい収納になっていると、必要なものがすぐ見つかり、不要なものも整理しやすくなります。すっきりとしているとよい気が流れ、判断や行動にも無駄がなくなります。

3年以上着ていない服を捨てる

新しい出会いがやってくる

古くても着ている服なら問題ありませんが、着ていない服は「不要」の気を発し、人間関係の運気を悪くします。一緒に収納している新しい服に、「不要」の気が移ると、新しい出会いも望めません。

3年を目安に、着ていない服は潔く捨て、新しい出会いの気を呼び込みましょう。

豆知識

流行のものは人気を引き寄せる

流行のものは「人気」の気を持っているので、それを身につけた人にも人気のパワーがつきます。

また、時の流れの波にのっているものなので、気の流れをスムーズにし、運気もアップ。

ベルトは巻いて ネクタイは吊して保管

仕事運が安定。行動力もアップ

ベルトは腰に巻くもの。腰は体を支えて安定させる土台となる部分なので、腰に関係するベルトを大切に巻いて収納すると、仕事運が安定します。また、ネクタイは吊して収納するのがおすすめ。仕事でも積極的になれて行動力がアップします。ただ、何本も重ねるのはNGなので、気を付けて。

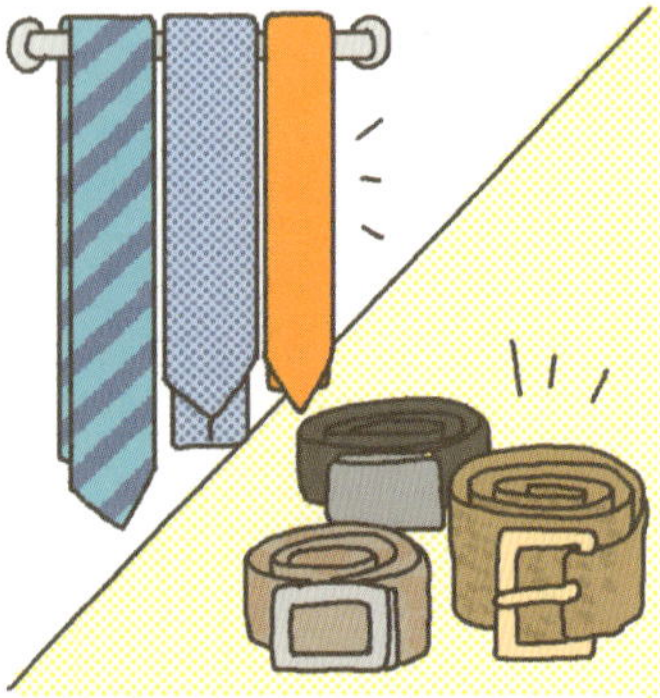

アイテムごと、または 長さをそろえて掛ける

金運が安定する

自分のものをしまうという意味では、クローゼットは金庫や財布と同じ。金庫や財布のお札をそろえてしまうとよい気が流れるのと同様に、クローゼットでは、スカートやジャケットなどのアイテムごと、または長さの同じものどうしをそろえて掛けて。収納をきちんとすれば、金運も安定します。

豆知識

下着は即効性の高いパワーアップアイテム

下着は肌に直接触れるものなので、下着がよい気を発すると、体に素早く伝わります。下着がタンスに放り込んであるような状態ではNG。一枚一枚ていねいにたたみ、尊いものとして扱いましょう。なかなか恋愛に発展せずに友達どまりの彼がいる場合、関係が発展する可能性も。また、手洗いをすることで、よい出会いを招くともいわれています。

くつ下は一足ずつセットで収納する

孤立せず、まわりと仲よくできる

靴下をしまうときには、一足ずつセットにして。ペアのものが別々では、周囲の人との関係も疎遠になりがち。靴下は必ず一足をセットにして収納すれば、孤立せず、まわりの人と仲よくすることができます。

クリーニングのビニール袋を外す

よい運気が広がる

クリーニング後にビニール袋を掛けっ放しにしていると、湿気やカビで悪い気を発します。きれいになった服のよい気を拡散させるためにも、必ず外して。また、湿気を吸うダンボールは悪い気を吸うので、収納にはＮＧ。

季節家電は通気性のよいものにくるむ

お金が貯まるようになる

家電は五行の「金」の気（詳しくは5ページ）を持っているので、しまうときに「金」と相性のよくないビニールを使うと金運がダウン。どうしてもビニールを使うときは、新しいものを使うこと。汚れたものや使いまわしのものは避けましょう。理想は通気性のよい、布製のカバーです。

ふとんの収納場所は押し入れの上段にする

体調を崩しにくくなる

ふとんをしまう場所は、押し入れの上段が◎。下段は湿気がこもりやすく、そこに寝具をしまうと、湿気の悪い気の影響で、体調を崩しがちに。どうしても下段を使わなければならない場合は、除湿剤を必ず置きましょう。

ふとんの敷きっ放しはＮＧ。ふとんは毎日たたんで収納を。

COLUMN

運気を下げない　ものの捨て方

捨てづらい
ものもこれで
解決じゃ
風

不要なものでごちゃごちゃの家は、よい気に見放されてしまいます。
いらないものを思い切って捨てることも、ときには大切。
ただし捨て方によっては運気を下げてしまうこともあるので、
ポイントを知っておくとよいでしょう。
今までの感謝の気持ちを込めてお別れしましょう。

Point 1　特別なものはお清めをして白い布などに包む

ぬいぐるみや人形など、生きものの形をしているものは人の気を吸っています。また、写真は人の代わりになるもの。これらを捨てるときには、まず粗塩をふってお清めをし、白い布や紙でていねいに包んで、ほかのゴミとは別にして捨てましょう。財布や下着など、大切に扱ったほうがよいものは、同様にして捨てましょう。

ありがとう!!

Point 2　思い出の品は無理に捨てなくても OK

やっぱり
これは
捨てられない
おばあちゃんに作ってもらったワンピース

古いものや使っていないものを捨てるのも整理の方法のひとつですが、思い出の品など「使っていないけれどとっておきたい」というものもあるはず。風水では、なにもかも捨てなければいけないというわけではありません。思い入れのあるものは無理に捨てずに、普段使うものとは別の場所にきちんと整理して、収納しておきましょう。

女性の運気を左右する キッチン

シンクとコンロの清潔を保つ

反発し合う五行の「火」と「水」の気が同居するキッチンは、気が乱れやすいところ。気の流れをよくするには、とにかく清潔にすることです。とくにコンロとシンクはこまめに掃除を！

★ここで引き寄せられる運気★

コンロの油汚れを落とす

全体の運気ダウンを防ぐ

コンロが油で汚れていると、作る料理に悪い気が入り、その料理を食べた人の運気がダウンしてしまいます。

油汚れは、汚れたらすぐに拭きとりましょう。こびりついた汚れには、食器用洗剤を泡立ててのせ、ティッシュをかぶせて約10分湿布すると、汚れが浮いて、落ちやすくなります。

フライパンや鍋を磨く

金運がやってくる

フライパンや鍋などの調理器具の焦げつきや包丁のサビなどは、金運ダウンのもと。金運は光るもののところにやってきます。ピカピカに磨いて、金運を呼び込みましょう。

調理器具は使ったらすぐに洗うのが基本。焦げついてしまったら、しばらく洗剤につけ置きしてから洗い落として。

シンクの水カビや水アカを落とす

金運がやってくる

金運は光るものに引き寄せられてくるので、シンクが汚れでくもっていると金運が宿りません。使用後のから拭きを習慣にすれば、水アカや水カビは発生せず、きれいな状態が保てます。汚れがたまってしまったら、乾いたスポンジなどにクレンザーをつけて磨きましょう。

習慣にして 運気UP

シンクに洗いものをため込まない

汚れた食器や食べ残しからは、どんどん悪い気が発生します。放っておくとキッチンは悪い気だらけに。食器は食べ終わったらすぐ洗う習慣をつけ、悪い気をシャットアウトして。

排水口のぬめりをとる

けんかの仲直りがスムーズに

排水口にぬめりがついていると水の流れが悪くなるだけでなく、悪い気が流れ出ずに詰まってしまい、家庭内のけんかも長引きがちに。

ぬめりがついてしまう前にこまめに掃除することがベストですが、ついてしまった場合は、排水口のかごに重曹を振り、ちぎった新聞紙で汚れをかき出して、すっきりさせましょう。

換気扇の油汚れを落とす

ものごとがうまくいくようになる

換気扇は、気の出口でもあります。出口が油汚れでふさがれると、気の流れが止まってしまうことに。キッチンに悪い気がたまり、あらゆるものごとがうまくいかなくなってしまいます。

換気扇はまめに拭いて。油汚れがこびりついてしまったら、洗剤をつけてしばらく置き、油を浮かして洗い落としましょう。

刃ものを見えないところに収納する

お金との縁を逃さない

刃物は、「切る」という強い気を持っていて、包丁やキッチンバサミなどを出しっ放しにしておくと、キッチンと関係の深いお金との縁や、良縁を切ってしまいます。刃物は見えないところに収納しておきましょう。

まな板を殺菌する

今持っている金運を保つ

まな板はとくに金運に影響します。まな板が汚れていると、まな板を使う刃物の「切る」気が正しく働かなくなり、必要な運との縁までも切ってしまうことに。まめに除菌をして、金運をキープしましょう。

冷蔵庫の中を整理する

金銭感覚が正しくなる

冷蔵庫は食材、つまりキッチンの財産をしまっておく大切なところ。そのため金運を司るとされ、冷蔵庫の中をきちんと整理しておくと、金銭感覚が正しくなります。

冷蔵庫の中をまめにチェックする習慣をつけて、きちんと整理を。消費期限切れの食材などは処分しましょう。

豆知識

冷蔵庫の扉は運気を冷やす

冷蔵庫は食材を冷やすところ。その扉にメモや写真を貼っておくと、それに関わるものとの関係も冷やしてしまうことに。たとえば写真なら、その人との関係が悪くなってしまうので、注意しましょう。

食器をきれいに収納する → 貯蓄運がアップする

食器棚をきれいに整理しておくことは、キッチンに関係の深い金運を招くことにつながり、貯蓄運がアップ。
引き出し内のカトラリーは、かごなどで仕切って収納しましょう。カップは上向きにしておくと、よい気が入ります。扉がない場合は、ホコリが入らないようにふせて収納してもOK。

銀食器やガラスの食器を磨く → ピカピカの食器に金運がつく

金運は光り輝くものに呼び寄せられます。銀食器やガラス製の食器もピカピカに磨いて、金運を招きましょう。
銀食器は、しばらく使わないと黒く変色してしまうので、洗い終わったら柔らかい布で拭いて収納して。またガラス食器も、傷がつくとくもってしまうので、柔らかい布で拭きましょう。

欠けた食器を処分する → 対人トラブルを防ぐ

欠けたりひびが入ったりした食器は、悪い気を発します。使い続けると人間関係にもひびが入ることになり、まわりの人とのトラブルが絶えなくなります。欠けやひびのある食器は、使えると思っても、潔く処分して。

キッチンマットをこまめに洗う → 家庭運がアップする

キッチンマットは、乱れがちなキッチンの気のバランスを取るアイテムです。ただ、汚れていては逆効果。とくにキッチンと関係の深い、家庭運や結婚運が下がります。1週間〜10日に一度は洗濯するようにしましょう。

悪い気がたまりやすい

トイレ

★ ここで引き寄せられる運気 ★

こまめな掃除と換気を

トイレは家の中でもっとも悪い気がたまりやすいところ。悪い気をなくすには、換気をして悪臭をためないことと、まめに掃除をすること。毎日できればベストです。

床や壁を拭き掃除する → 運気が下がりにくくなる

悪い気を発するのは便器だけではありません。トイレの床や壁の汚れも悪い気を発します。忘れずに拭くと、運気の低下を防げます。便器との境目や壁と床の隅なども、かたくしぼったぞうきんで拭きましょう。

またトイレは飾り気がなくシンプルなほうが、気の流れもよくなります。

床に置いているものを片付ける → 運気ダウンを避けられる

トイレは悪い気がこもりやすいので、床に本などを置くと悪い気を吸収してしまいます。放置しておくと、それ自体が悪い気の発生源になるという悪循環が起こり、運気がダウン。トイレの床にはものを置かないように。

トイレマットやスリッパを洗う → 仕事の成果が得られる

足元の汚れは、仕事運に悪影響を与えるので、トイレマットやスリッパが汚れていると、仕事の評価が下がることも。こまめに洗ってきれいにしておくと、うっかりミスもなくなり、仕事の成果も得られるようになるでしょう。

1
久しぶり～
なんだか
きれいに
なったねー
肌とか
ツヤツヤじゃん
えっ？
そう!?
なにか
してるの？
2
実はね
今年になって
トイレ掃除を
日課にしてるの
トイレをきれいに
すると 美容に
いいんだって！
3
実は 彼氏も
できちゃった
んだー
トイレ掃除の
おかげかも～
今日も
かわいいね
なぬ!?
4
私も毎日
トイレ
掃除して
キラキラ
美女を
目指そう！
ゴシゴシ
私だって!!

便器をピカピカに磨く → 健康的で美しくなる

健

トイレのなかでも、便器はとくに清潔に。汚れているとどんどん悪い気が発生して、健康運や美容運がダウン。できれば毎日磨くことが理想です。

磨くだけではとれないような頑固な汚れには、その部分にトイレットペーパーを敷き、その上から洗剤をかけます。20分くらい置いてからブラシでこすれば、ピカピカに！

トイレットペーパーを収納棚にしまう

小さな無駄遣いをしなくなる

紙は気を吸いやすいので、トイレットペーパーをむき出しにしておくとトイレの悪い気を吸うことに。また、きちんと収納しないという行為が、金運に悪影響を与え、ちょっとした無駄遣いが増えがちになります。

トイレットペーパーは、きちんと収納棚にしまいましょう。

換気扇や窓を掃除する

誤解やトラブルを防ぐ

換気扇や窓が汚れていると、トイレの悪い気が外に排出されず、使っているうちに人間関係運がダウン。誤解を招いたりトラブルが絶えなくなったりします。換気扇の掃除が難しければ、窓だけでもピカピカにしましょう。

サニタリーボックスのゴミを早めに捨てる

体調悪化を防ぐ

サニタリーボックスにゴミを入れたまま放っておくと、悪い気がどんどん発生します。さらにゴミの臭いは、健康運をダウンさせる原因に。

いっぱいになるまで放っておかず、ゴミはこまめに捨てましょう。

タオルをこまめに取り替える

ミスや能力低下を防ぐ

トイレのタオルは、こまめに取り替えることが大切。できれば毎日がベストです。取り替えていないとトイレに漂う悪い気をつけたタオルで手を拭くことに。その手はその後の作業に悪影響を与えます。たとえば、仕事をすればミスが増え、勉強をすればはかどらないという結果に。

1
ふ〜
便器もピカピカ
になったし
トイレ掃除
終了！
完ぺきだわ！
2
ちょっとまった!!
汚れたままの
掃除グッズが
見えていたら
せっかくのきれいな
トイレも台無しよ！
もわ〜
3
ガーン
そんな〜
トイレの掃除グッズ
なんだもん
ゆるしてよ…
あ〜待って待って
今から対策を
教えてあげるから
落ち込まない
でってば！
4
こうやって
かごに入れたり
植物とかで
隠したりすれば
大丈夫よ☆
これでスッキリ
じゃできる

掃除グッズは見えないところに収納する

→ 健康を損なわなくなる

トイレ用ブラシや洗剤などの掃除グッズは、汚れをとるための道具なので、きれいなものではありません。そのため掃除グッズがむき出しになっている状態は見た目にも悪く、健康を害することに。掃除グッズは目につかないように収納するか、収納場所がなければ目隠しをするとよいでしょう。

習慣にして 運気UP

便器のふたは必ず閉める

使用後は便器のふたを閉めること習慣にして。開けっ放しにすると、便器から発する悪い気がトイレじゅうに充満します。また、家じゅうにも広がらないように、ドアも必ず閉めましょう。

健康と美容に影響する

洗面所

水滴を残さない

洗面所は、手洗いや洗顔で汚れを落とすところ。落とした汚れがたまると悪い気もたまってしまいます。水滴を残さないように心がけ、汚れていないか、こまめにチェックしましょう。

★ ここで引き寄せられる運気 ★

洗面台をこまめに掃除する → 美容運がアップする

水を使う洗面台には、水アカやぬめりがたまりやすく、こまめに掃除をしないとカビも発生し始めます。掃除のときには排水口まできれいに磨いて。

使った後には、さっと水気を拭きとり、汚れをためない習慣をつけられればベスト。清潔な洗面台を使うことで、美容運がアップします。

洗面所の鏡をピカピカに磨く → 健康運や美容運がアップする

鏡は、風水では絶大な開運アイテムとされています。鏡をピカピカに磨いておくことで、あらゆる運気がアップ。洗面所の鏡はとくに健康運や美容運、金運に効果があります。

水を使う場所なので、水滴などの汚れには要注意。乾いた布でピカピカに磨きましょう。

古いスキンケア用品を処分する

老化を防ぐ

使いかけの古いスキンケア用品は、不衛生なだけでなく悪い気を発します。美容運に影響が出て、老化が早まることに。洗面所に置いているスキンケア用品はときどきチェックし、不要なものは潔く捨てましょう。また必要なものは乱雑にしまわず、トレイなどで種類別に分けて整理を。

歯ブラシを定期的に取り替える

好感度がアップする

歯ブラシでていねいに歯を磨くと、人間関係運がアップ。ただし、古くて汚くなった歯ブラシでは、効果は期待できません。歯ブラシは、毛先が広がる前に、定期的に新しいものに取り替えましょう。

バスマットを洗う

仕事運がアップする

洗面台のところにマットを敷くのはよいこと。ただし、清潔にしておくことが大切です。足元の気の状態がよいと、仕事運がアップします。洗面台のマットはまめに洗って、足の裏からよい気を吸収しましょう。

出しっ放しのものを片付ける

ずっと魅力的でいられる

洗面所に、ブラシなどの小ものを出しっ放しにしていると、悪い気が発生して美容運がダウン。いつまでも魅力的でいるには、使ったものを片付ける習慣をつけ、洗面所をきれいに保ちましょう。とくにカミソリなどの刃ものの出しっ放しは、人との縁を切りやすくなります。見えないところに収納を。

豆知識

ドライヤーは気のバランスを乱す

ドライヤーは五行の「火」の気(詳しくは5ページ)を持つアイテム。水を使う洗面所とは相性がよくないので、出しっ放しはNG。洗面所の気のバランスを乱して健康運を下げてしまうので、使用後は必ず片付けて。

体についた厄を落とす場所

お風呂

日頃から除湿を心がけて

バスルームによい気が漂っていないと、厄を落とし切ることができません。大量の水を扱い、湯気や湿気で悪い気が発生しやすいので、換気と除湿をすることが大切です。

★ ここで引き寄せられる運気 ★

鏡や鏡まわりをきれいにする → 美肌を保てる

　鏡は自分自身を映すもの。鏡が美しいということは、自分自身が美しくなることと考えて、鏡はきれいに磨きましょう。美肌をキープできます。

　また鏡に吸盤フックをつけるのはNG。余計なものをつけるのは、汚れをつけるのと同じです。鏡は水気を拭きとり、乾いた布で磨きましょう。

浴槽や壁、床の水アカを落とす → 体力の低下を防ぐ

　お風呂は湿気がこもりやすく、油断すると水アカやカビが発生します。そんな中での入浴では、厄落としどころか体調を崩すことに。浴槽は毎日洗い、壁や床はときどきでよいのでブラシなどでこすりましょう。

　入浴後に換気扇を長めに回したり窓を開けたりして、換気を十分にしておくと、水アカやカビを防げます。

1
はぁ〜 いい お湯だった〜
やっぱり お風呂は 気持ちいい ね〜
BATH
2
翌朝…
しまった！ またお風呂の お湯を抜くの 忘れてた…
じめじめ
ガーン
3
湿気で本が ぐにゃぐにゃだよ〜 しかも大事な 本だったのに
それは ついてなかったのぅ 湿気が たまると 運気もダウン するんじゃよ
4
やっぱり 湿気の せいだ〜!!
すぐにお湯を 捨てない場合は せめて ふたを 閉めておくと いいぞ

残り湯を流す

運気ダウンを防ぐ

残り湯がそのままでは、お風呂が湿気だらけになり、悪い気がどんどんたまってしまいます。残り湯は最後に入浴した人が抜くとよいでしょう。

残り湯の中には、体から落ちた一日の厄がたっぷり。翌日も同じお湯につかると、再び厄をつけることになり、同じミスを繰り返すことにも。お湯は毎日入れ変えましょう。

豆知識

残り湯は 厄がいっぱい！

残り湯には、一日の厄がたくさん流れ出ています。残り湯を洗濯に使うと、洗濯ものに悪い気がつくことに。節約のために使いたい人は、すすぎに必ず真水《まみず》を使いましょう。

排水口の詰まりをとる

すべての悪い運気がとれる

風水では、「排水口の詰まりは運気の詰まり」といわれます。排水口が髪の毛や汚れで詰まると、悪い運気も詰まって、いろいろなものごとがうまくいかなくなってしまいます。

毎日の入浴後に、排水口にたまった髪の毛などをとり、汚れをさっとこすりとる習慣をつけましょう。

洗面器やいすを洗う

体の調子が悪くなるのを防ぐ

お風呂に置いてあるものは、湿気で汚れやすいもの。洗面器やいすの水アカやぬめりは、体調を崩す原因になってしまいます。

とくに裏側は汚れに気づきにくいので要注意。毎日、さっと水で流して汚れをとり、水気を拭きとって。ときどき天日で干すのも◎。

ボトルの底をまめに洗う

体調を整える

ボトルの底は、ぬめりやカビがとくに発生しやすいところ。ぬめりやカビは悪い気のもとなので、体調悪化の原因に。まめにボトルを洗うのはもちろん、使った後は水気を拭いて、ぬめりがつくのを防ぎましょう。

ボトルをラックに置く

体調の悪化を防ぐ

ボトルが乱雑に置かれていると、運気ダウンの原因に。直置《じかお》きはさらにNG。カビが生え、体調の悪化につながります。カビを防ぐには水切りできるラックを用意し、きちんと整理して置くようにしましょう。

バスタオルを毎日取り替える

悪縁を寄せつけない

風水では、バスタオルで体を拭くのは、厄落としの仕上げの行為。そのため、一度使ったバスタオルはきれいに見えても厄がいっぱいついています。これを繰り返し使っては、再び厄を体につけることになり、悪い気が悪縁ばかりを運んでくることに。

バスタオルは、必ず毎日取り替えましょう。

人

清潔なタオルがいいね！

掃除グッズを片付ける

運気の乱れを防ぐ

お風呂用洗剤などの掃除グッズがごちゃごちゃと置いてあると運気が乱れ、あらゆるものごとが不調に。掃除グッズはラックに収納するか、お風呂の外の所定の位置に片付けて。

風

換気扇を掃除する

悪い気の停滞を防ぐ

お風呂の換気は、悪い気を発するカビを防ぐために重要なこと。ただし、換気扇にホコリがたまっていては、十分に換気できません。ときどきでよいので、換気扇のカバーを拭きましょう。カバーを外してファンの掃除もできれば完ぺきです。

風

シャワーカーテンのカビをチェック

悩みごとを引きずらなくなる

ユニットバスのシャワーカーテンは、入浴後に濡れたままの状態で放置されることが多いため、カビが生えて悪い気が発生しやすいアイテム。週に一度はカビのチェックを行うなど、こまめな手入れが必要です。カビに気づかずにいると、運気が上がらず、悩み事を引きずることに。

健

カビはないな…

家全体への
気の通り道

階段&廊下

気が通り抜けやすい環境に

階段や廊下には、玄関から取り込んだ気を家じゅうに行き渡らせる役割が。入ってきたよい気が家に回りやすいよう、すっきりとさせ、照明を明るくしましょう。

★ ここで引き寄せられる運気 ★

壁の汚れをチェックする → あらゆる運気のダウンを防ぐ

壁は廊下や階段の大きな面積を占めます。その壁が汚れていると、気の通りが悪くなり、悪い気を呼び寄せてしまって運気がダウン。

壁の汚れは見逃しがちですが、壁紙のはがれなどもチェックして、悪い気をブロックしましょう。

照明を明るくする → 悪い気を寄せつけない

悪い気は暗い場所を好むので、暗くなりがちな階段や廊下は、照明で明るくしましょう。電球が切れていないかどうかもチェック。足元もフットライトで明るくすると◎。

廊下のものを片付ける → 家族の団らんが増える

ゴルフバッグや宅配便の荷物など、大きなものを廊下に置くと、気の通り道を邪魔してしまうことに。

大きな荷物は収納スペースにしまったり、届いた荷物はすぐに開けて片付けたりして気の通りをよくしましょう。気の通りがよくなれば、家族の団らんが増えて家族間の人間関係がよくなります。

階段のホコリを掃除する

家全体の運気を上げる

階段の隅にホコリがたまっているとホコリが邪魔をして、上の階によい気が巡らなくなります。

掃除機をかけるだけでもよいですが、拭き掃除でしっかり汚れを落とすのがベスト。2～3日に一度、掃除をしてホコリがたまらないようにすれば、よい気が巡り、家全体の運気がアップ。

豆知識

玄関の正面にある階段は要注意

玄関の正面が階段という間取りは要注意。玄関から入った気が1階を回らず、2階に流れてしまうのです。玄関の正面に階段があるなら、階段の前にのれんや観葉植物を置いて気の流れを変えるとよいでしょう。

窓から入る陽の気を司る

ベランダ&庭

余計なものを置かない

気は、庭を通ってベランダのある大きな窓から家へと入ってきます。余計なものを置かず、また植物などの浄化の力を借りて、家によい気を取り込みましょう。

★ ここで引き寄せられる運気 ★

土ボコリや枯れ葉を掃除する → 仕事で能力を発揮

枯れ葉はもう役目を終えたもの。土ボコリはそこにはなくてよいもの。そのような不要なものがいつまでもあると悪い気が発生し、仕事で能力を発揮できなくなります。

ベランダの排水溝はとくに土ボコリや枯れ葉がたまりやすいところ。ときどきチェックして、取り除いて。

花や植物の手入れをする → 家族の絆が強くなる

植物は悪い気を吸ってくれる、風水のお助けアイテム。庭やベランダで植物を育てることはとてもよいことなので、枯らしてしまわないように、まめに手入れをしましょう。土を触ることは家庭運アップにつながります。

ゴミや不要品を片付ける → ご近所や友達との関係が友好に

ベランダや庭は外にあるので、家の外の人との人間関係運を左右します。ベランダや庭に不要になったものを置いたり、ゴミの一時置き場にしたりしては、ご近所や友達とのよい関係も望めなくなるので、きちんと片付けを。

自分自身の運気につながる

ペット

臭いと汚れ対策を徹底して

ペットのことはそのままあなたの運気に影響します。ペットの世話は、自分のためでもあるのです。汚れや臭い対策を念入りにして過ごせば、自然に運気もアップします。

★ ここで引き寄せられる運気 ★

ペットのグッズをまとめて収納する

思わぬ副収入が期待できる

ペットのグッズはペットの財産。そしてペットの財産は、飼い主自身の持ちものといえます。その財産をきちんと管理することで、思わぬ副収入が期待できます。

ブラシやおもちゃなどのペット用品は、まとめて収納ボックスなどにしまい、使ったら必ず片付けることを習慣にしましょう。

ペットのトイレを掃除する

目下の人との関係がよくなる

ペットのトイレの世話をするということは、自分より弱いものの面倒をみることを象徴しているので、きちんと掃除することで、目下の人から慕われるようになります。部下などとよい関係が築けるようになるでしょう。

ペットの臭い対策をする

運気ダウンを防ぐ

ペットを飼っていると、トイレや抜け毛などで部屋が汚れて臭いやすくなるものです。ペットの臭いがひどいと、住む人の運気を落としてしまいます。掃除やペットのシャンプーをまめにして、運気ダウンを防ぎましょう。

COLUMN

ふぅーー♪
掃除のポイントはもう完ぺき！家の中にどんどん運気を呼び込むぞー！
おや？あれは…？まさか盛り塩？
カピカピ
そうそう！風水を始めたことだし盛り塩もやってみようと思って
いつから置いてあるの？
2週間前くらいかなー
それじゃ全然効果ないぞむしろ逆効果じゃ盛り塩は最低でも3日に1回は取り替えないと！置いておくだけじゃだめじゃよ！
ブーーッ
えーっ!?
新しい盛り塩を用意しなくちゃ！
食塩
ちょっと待ったーー！
それは精製塩じゃないか！盛り塩には天然塩を使わないといかんぞ
ブーッ
食塩
ピンポーン♪
天然塩

塩の量は大さじ1〜2杯じゃあまりもったいぶって少なすぎにしないようにな
大さじ
こちらです
塩を盛ったら中高にして円すい形にこんもり形を作ろう
こうかな
塩
そしたらそれを心を込めて置くんじゃ心を込・め・てじゃぞ
おねがいします
あとひとつとっておきの情報があるんじゃが…知りたいかい?
え！なになに!?教えて！
知りたい!!知りたい!!
使い終わった盛り塩をトイレや洗面所に流せばお清め代わりにもできるんじゃ
ほぉ〜♪
なるほど！最後まで塩のパワーをフル活用できるわけね！
ジャ
おトクじゃろ
さ、盛り方をマスターしたら盛り替え塩の置き方や取り替え方のポイントをおさらいしておこう

盛り塩のポイント

盛り塩はお清めや厄除けに、絶大な効果を持ちます。
正しい盛り塩の仕方を知って、
盛り塩のパワーをフルに活用しましょう。

Point 1 3日に1回取り替える

毎日取り替えるのがいちばんですが、無理なら3日に1回は取り替えて。それでも続かないなら1週間に1回。それができないなら、逆に悪い気を発するようになってしまうので、盛り塩を置かないほうがよいでしょう。

Point 2 一家の主が取り替える

盛り塩は、その場の主となる人が、心を込めて取り替えるのが基本です。家庭なら主人か主婦が、会社なら社長が取り替えを担当しましょう。遊びの感覚で、子どもに取り替えさせたりするのはNGです。

Point 3 玄関に置くのがベスト

盛り塩は、気の入り口である玄関に置くのがいちばん効果的。悪い気をブロックして、よい気を取り込んでくれます。円すい状に盛った塩を一対置くのが理想ですが、スペースがなければひとつでもOKです。

Point 4 精製塩はNG。粗塩を使って

盛り塩には必ず、自然製法で作られた天然の粗塩を使いましょう。精製塩は人工的に加工されたものなので、お清めの効果が期待できないとされています。岩塩も天然のものですが、取り替えが難しいので避けたほうがよいでしょう。

2 章

開運インテリアを選びましょう

1
部屋はきれいになったけど風水って掃除することなの？
まだまだ！風水がおもしろいのはこれからじゃよ
♪
2
風水ではものの色や形香りなどから運気を引き寄せることができるとされているんじゃ
金運は黄色
黄
金
恋愛運はピンク♡
恋
ピンク
3
クイズ!!
家の中でそれらの開運効果を活用することができるのは？
はいキミ
ピンポン
そっかインテリアだ！
4
正解!!
選び方ひとつで自分がほしい運気を引き寄せることもできるんだ
よっしゃ
わぁ～おもしろそう！知りたい知りたい！

インテリアを上手に選んで ほしい運気をアップ

風水では、過ごしやすい環境に整えることが開運の大前提ですが、インテリアを工夫すれば、さらに運気をアップすることができます。

たとえば「金運をアップしたければ、黄色いアイテムを部屋に置く」というように、ピンポイントでほしい運気がある場合に、インテリアを利用するのは効果的。その運気に効果のある**ラッキーカラーやラッキーアイテムを取り入れることで、ほしい運気をより強く引き寄せることができる**のです。

インテリア選びは、色やモチーフや素材が運気にもたらすパワーを知っておくと便利です。次のページに運気ごとの表にまとめたので、参考にしてください。

また、74ページで紹介する鏡など、置き方や置く場所によってもたらす効果が異なるものもあり、注意が必要なことも。上手な取り入れ方をするのも、開運の秘訣です。

気軽に楽しむ程度が 上手な取り入れ方

風水をうまく利用するには、あまりがんじがらめに考えないこと。**好きなものに囲まれて生活すること**が、幸運体質になる人の基本です。

たとえば買いものをするとき、同じものでも、どの色を選んだらよいかで迷うことがあるでしょう。そんなときにちょっと思い出して、風水を取り入れてみるのはいかがでしょうか？

インテリア選びの基本

1 大きな家具は自然素材が吉

インテリアのなかでも、存在感のある大きな家具は、運気に与える影響も大。テーブルやタンス、ベッドなどは自然のパワーをもつ木製がおすすめです。

2 ファブリックは基本的に明るい色に

インテリアは、色の選び方が重要。とくに面積が大きいものは部屋全体の印象を変えます。基本的には明るい色を選ぶのが吉。ほしい運気に効果のある色を選ぶのもよいでしょう。

3 質のよいものを取り入れる

安っぽいものばかりを使っていると、生活の質も下がりがちに。高級品でなくてもよいので、質のよいものを選びましょう。

インテリア選びに役立つ！

カラー&モチーフ&素材のパワーガイド

６つの運気に効果がある色、モチーフ、素材を表にまとめました。

	色	モチーフ	素材
金運	黄、ゴールド、シルバー	チェック、アニマル	ガラス、シルク、革、金属
恋愛運	ピンク、赤、ワインレッド、オレンジ	リボン、ハート、花	木、綿(コットン)、シルク
仕事運	青、水色、赤、茶、紫	ストライプ、星、幾何学	革
健康運	緑、青、白、ラベンダー	フルーツ、ハート、リーフ	木、綿(コットン)、籐(ラタン)
家庭運	オレンジ、緑、ベージュ、茶	リーフ、ペイズリー、花	木、綿(コットン)、陶、い草(たたみ)
人間関係運	オレンジ、黄、黄緑、ターコイズ	ドット、ボーダー、リーフ	綿(コットン)

カーテン

カーテンは明るい色に季節に合わせた素材選びを

カーテンは、部屋全体の印象を決めるアイテム。とくにリビングや寝室など、大きめの窓がある部屋のカーテン選びは慎重に行いたいものです。

カーテン選びで重要なのは、色。明るい色のものがよく、暗い色や重苦しい色のカーテンは、それだけで運気をダウンさせてしまいます。55ページで紹介した開運をもたらす色やモチーフ、次のページの開運カーテンのポイントを参考に、**ほしい運気に合わせた色柄を選ぶのもよい**でしょう。

また、季節に合わせてカーテンも衣替えを。夏は遮光性《しゃこうせい》がある薄手のもの、冬は防寒性のある厚手の生地のものに変えて心地よく過ごしましょう。

タイプ別に使い分けよう

いろいろなカーテンの開運パワー

ここでは、代表的なカーテン4つを紹介します。
それぞれの特徴を知って、運気アップに活用しましょう。

ブラインド

金属やプラスチック製の、細長い板をつないだもの。シャープなデザインが集中力を高めるため、仕事部屋などに最適。ホコリがたまりやすいので掃除はこまめに行って。

ドレープカーテン

もっとも一般的な、厚手の生地で作られたカーテン。色や柄の種類が豊富なので、ほしい運気に合わせてデザインを選べます。遮光、防寒、防音など、機能性もさまざまです。

ロールスクリーン

ロール状の布を巻き上げたり、引き下げたりして開閉するカーテン。シンプルなデザインで、どんな部屋にも合うため、気のバランスも安定します。

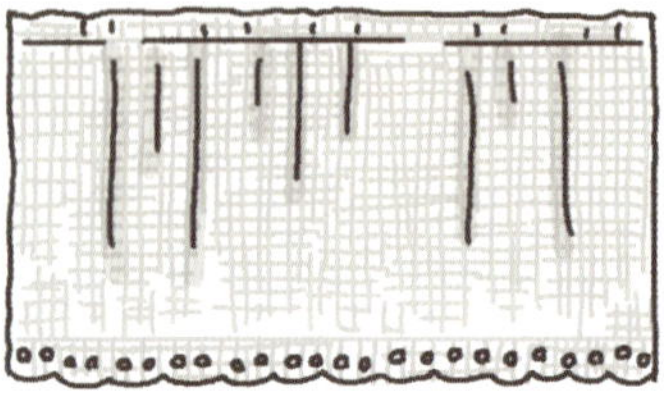

レースカーテン

生地が薄く光を通すため、カーテンを閉めた状態でも日光がたっぷり入り、よい気を招きます。大きな窓の場合は1枚で使用するには不向き。ドレープカーテンなどと二重にして。

ほしい運気別

開運カーテン

運気の神さまたちがおすすすめする、カーテンの色柄選びのポイントを紹介します。

人間関係運

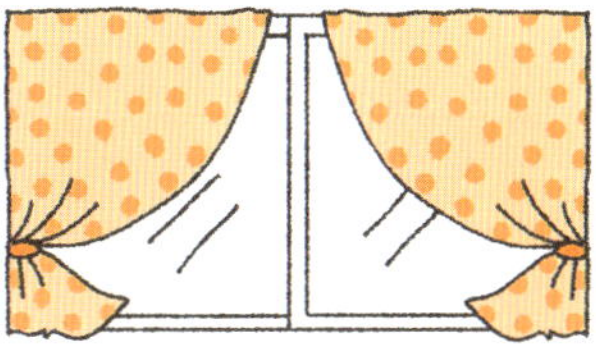

誰からも親しまれる、ドット柄がおすすめ。オレンジ色には誰とでも友好な関係になれるパワーがあるよ。

金運

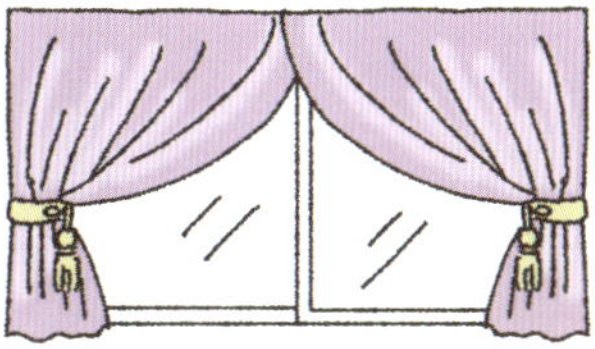

金運はキラキラで高級感のある雰囲気が大好き！　上品なサテン生地に、ゴールドのタッセルがすてきね。

家庭運

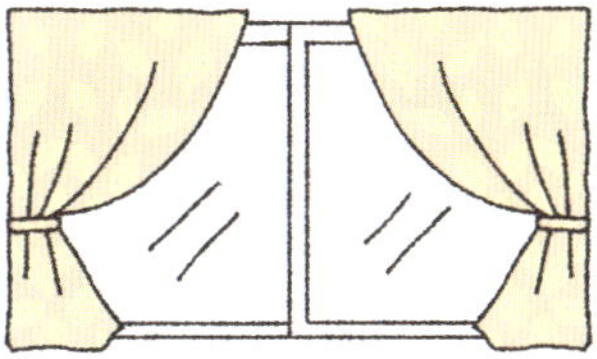

ベージュや茶系は、家族みんなが集まるリビングに。心が穏やかになるし、夫婦円満にもいいのよ。

恋愛運

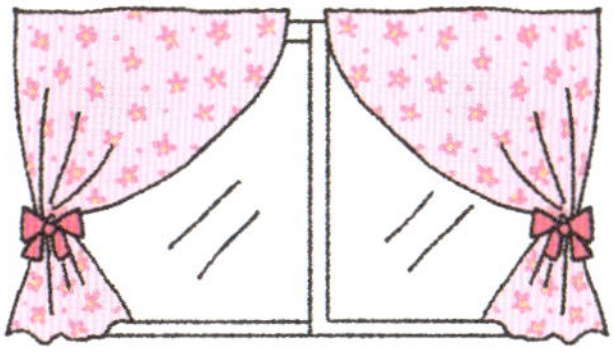

ピンクは恋愛運の最強カラー。花柄やハート柄がおすすめよ。良縁を結ぶリボンのタッセルもグッド！

健康運

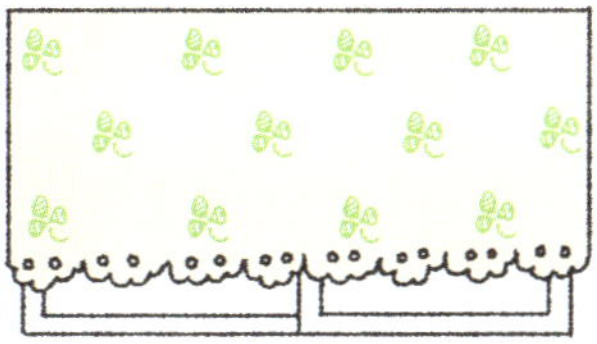

トイレやバスルームの小窓には、清潔感のある白いレースのカーテンを。リーフ柄が健康運をバックアップ！

仕事運

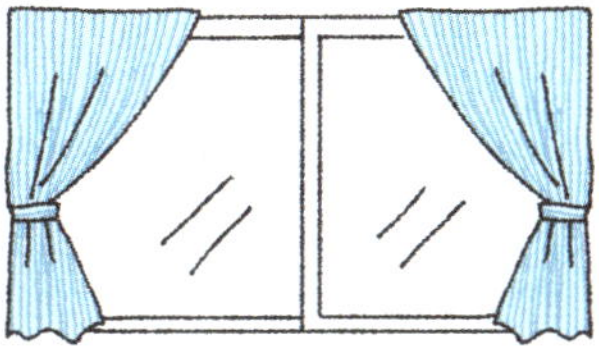

書斎には脳を落ち着かせる青系がいいね。集中力がアップするし、ストライプでやる気もアップ！

ソファー&クッション

リビングには布製 客間には革製を選んで

ソファーは、部屋のメインとなる家具のひとつ。リビングや客間など、人が集まる場所に置くことが多いので、家族だんらんや社交の場に適した素材、色柄選びが大切です。

家族の集まるリビングには、**布製であたたかみのある暖色系がおすすめ。**汚れたときに変えられる、カバータイプにするのもよいでしょう。

客間に置く場合は茶色の革製に。上質な革素材は、その人の格を上げてくれるので仕事運や金運を招きます。

クッションは、ソファーとテイストのあったものを選ぶこと。次のページで紹介する、運気別のポイントも参考にしましょう。

1
じゃーん! うちの自慢の黒革のソファー高かったんだ!
2
おっと… そのソファーは風水的にはあまりよくないぞ
え?! そうなの?!
3
黒は停滞を表す色で行動力ややる気を失いやすくするんじゃ
えーうそー
でも買い替えるお金ないよ〜
4
黒いソファーは部分的に布製のカバーをかければ運気ダウンを防げるぞ
それならこうして!!
よかった!

ほしい運気別

開運ソファー&クッション

運気の神さまたちがおすすめする、開運ソファー&クッションを紹介します。

人間関係運

円みのあるデザインは、人間関係を円満にするよ。色はベーシックなベージュがベスト。クッションには、角を立てない丸い形を選ぼう。

金運

茶系で品のある、革製ソファーがおすすめよ。金運をつかみとるイメージの、アニマル柄クッションもいいわね。

家庭運

家庭内を穏やかにする、暖色系がおすすめよ。派手な色や奇抜な柄はＮＧ。綿や麻などの自然素材の生地を選んでね。

恋愛運

フリルやリボンのついたラブリーなデザインのカバーで、女性らしさアップ。クッションをハートの形にしてもいいかも♡

健康運

肌触りのよい布製のカバーを。健康運を上げるには、リーフ柄がおすすめ。大きめのクッションがあるとリラックスできるよ。

仕事運

ランクアップを目指すなら、上質な革製に。自分自身の格が上がって仕事運アップ。ワンポイントに赤を取り入れてもいいね！

テーブル＆チェア

自然素材で丸みのあるデザインが吉

リビングやダイニングに置かれるテーブルは、その部屋の主役となる家具。食卓としても使われるので、そこで食事をする人の運気にも影響を与えます。

素材は、自然のパワーを持つ**木製で統一しましょう。**自然界のものは心身ともにリラックスさせる効果があるため、ゆったりした時間を過ごすリビングなどには最適です。

色やデザインには、あたたかみを感じさせるものを選びましょう。**丸みのあるものや、明るい色がおすすめ**です。チェアは、ダイニングテーブルとのテイストを合わせて選びましょう。不つり合いだと、運気ダウンの原因に。

すべての運気がアップする

理想のテーブル＆チェアのポイント

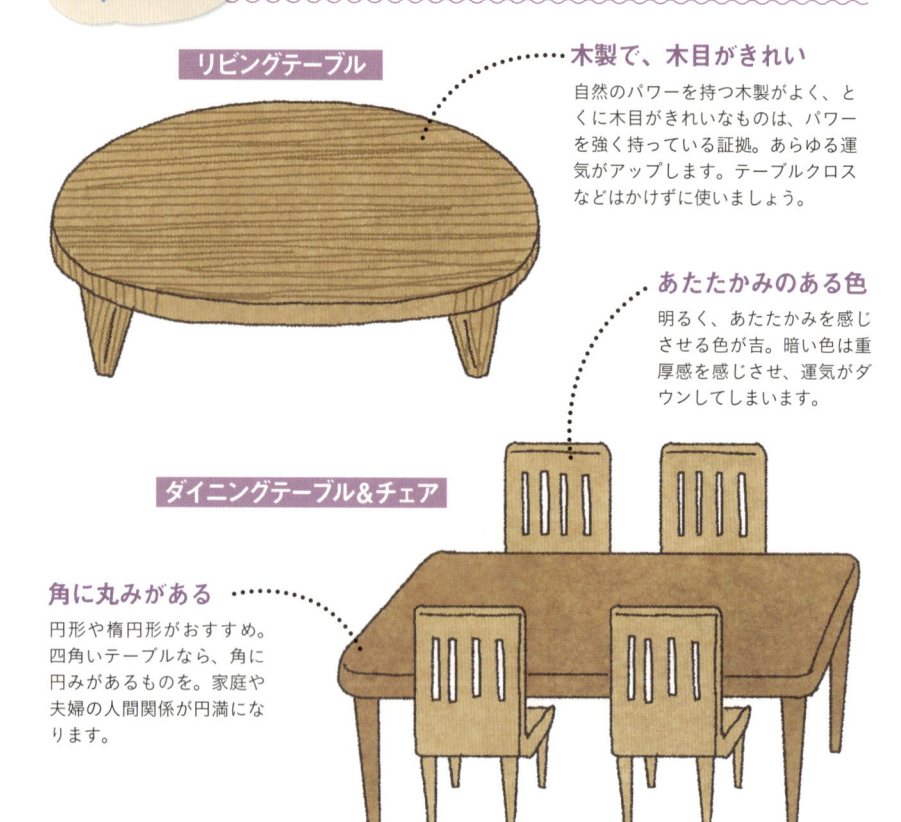

リビングテーブル

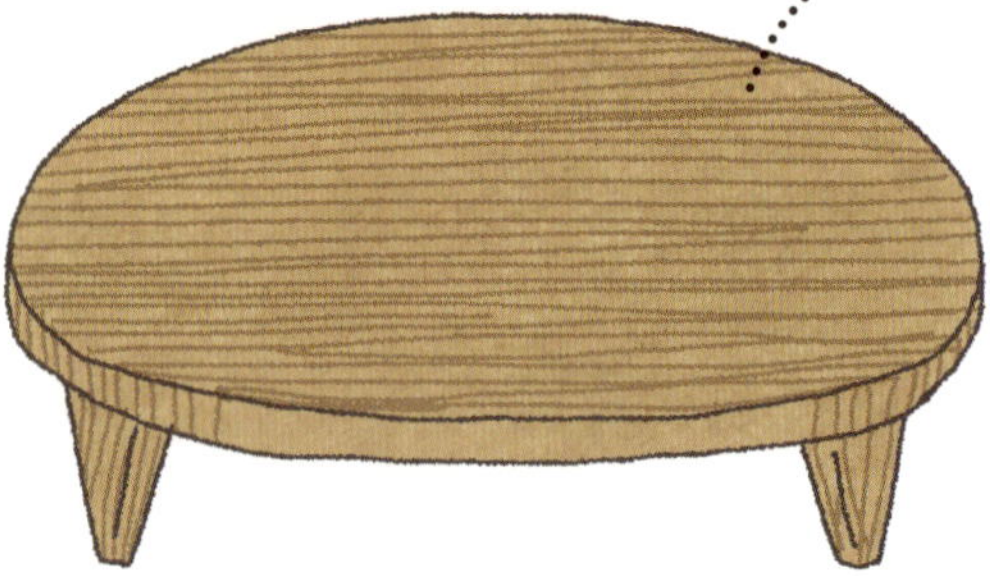

木製で、木目がきれい

自然のパワーを持つ木製がよく、とくに木目がきれいなものは、パワーを強く持っている証拠。あらゆる運気がアップします。テーブルクロスなどはかけずに使いましょう。

あたたかみのある色

明るく、あたたかみを感じさせる色が吉。暗い色は重厚感を感じさせ、運気がダウンしてしまいます。

ダイニングテーブル&チェア

角に丸みがある

円形や楕円形がおすすめ。四角いテーブルなら、角に円みがあるものを。家庭や夫婦の人間関係が円満になります。

こんなテーブルは運気を下げる！

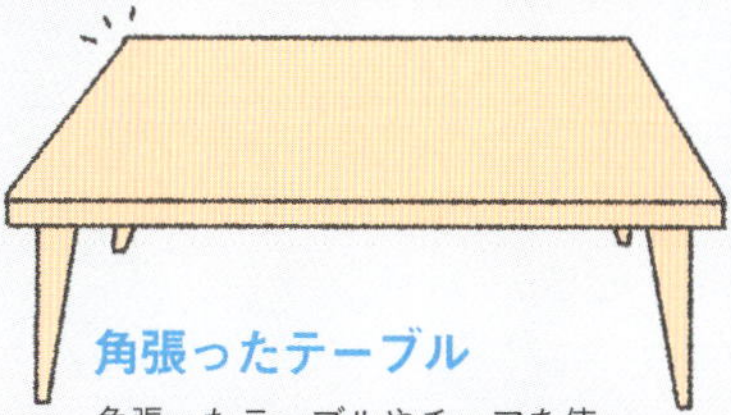

角張ったテーブル

角張ったテーブルやチェアを使っていると、家族間や人間関係に角が立ちやすくなります。また、おしゃれでも、部屋のテイストに合わない奇抜なデザインのものは避けて。

黒いテーブル

黒は停滞のパワーを持ち、その部屋にいる人のやる気や活力がダウン。食卓に使うと、食材からもらうパワーも得にくくなります。

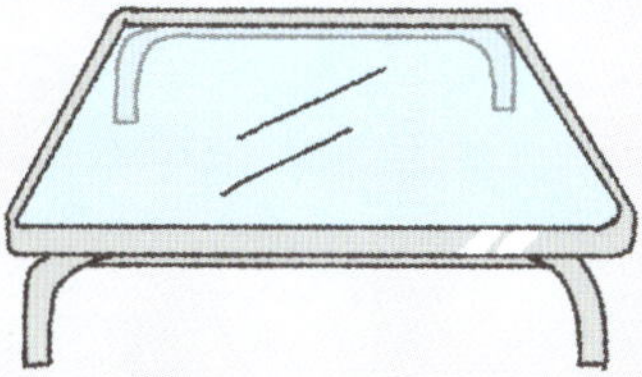

ガラスや金属製のテーブル

ガラスやメタリックの家具は冷たい印象を与え、家庭運がダウン。家庭内や夫婦間が冷え込みがちに。恋愛や人間関係に影響することも。

運気ダウンを防ぐには…

センタークロスやテーブルクロスでカバー

理想のテーブルでない場合は、テーブルクロスやセンタークロスを敷いて。運気ダウンをもたらす原因となる部分の面積を少なくすれば、問題ありません。

黒の面積を
減らして！

角の部分を
隠して！

花柄のクロスを敷くと、家庭運や恋愛運がアップするわよ。ただし汚れたらすぐに洗うこと。清潔でなくては意味がないわよ。

家
恋

ラグ＆マット

足元のインテリアはそれぞれ専用のものを

運気の安定は、体の土台を支える足元から。つぼ押しでも知られる足の裏は、気の出入りも激しく、エネルギーを多く取り込むところです。開運効果があるとされるラグやマットを敷けば、運気アップにも即効性が期待できます。

ラグやマットは、**綿や麻などの自然素材で、肌触りがよいものがおすすめ。**55ページで紹介した、ほしい運気に合わせた色やモチーフを取り入れてもよいでしょう。

使用目的の違う、タオルや毛布などをラグやマット代わりに敷くのはNG。**それぞれの場所に応じた専用のものを敷きましょう。**

玄関

厄除けには赤が最強！明るい色柄で運気アップ

外出先から帰ってきた体には、厄がいっぱい。玄関マットを敷いておけば、家の中に厄が入ってくるのを防げます。

とくに赤は、厄除けに強い効果があるのでおすすめ。玄関を明るくして運気を引き寄せるなら、暖色系や花柄、ペイズリー柄を選びましょう。

リビング

落ち着きのある色で安心感を与えて

ラグやじゅうたんは、綿や麻などの自然素材で毛足が短めのものが吉。仕事運や家庭運の安定につながります。面積が広い分、運気に与える影響も大きいので慎重に選びましょう。

色は、あたたかみのある暖色系かベージュが無難。派手な柄は気が乱れがちになるので避けましょう。

キッチン

暖色系のマットで足元をホットに

キッチンは、女性の運気を左右する場所。とくに冬場など、キッチンに立つ主婦の足元が冷えて寒いと、体調を崩しがちに。暖色系のキッチンマットを敷いて健康運ダウンを防ぎましょう。

色は、キッチンととくに相性がよい赤がおすすめ。花柄やリーフ柄でも、気のバランスが整います。

洗面所

足の裏は清潔に！ さわやかな色が◎

濡れた床は運気ダウンのもと。足についた水で床が濡れるのを防ぐためにも、バスマットは必ず敷いて。マット代わりにタオルを敷くのはNGです。

はだしで触れることが多いので、清潔感が命。清潔感のある白やパステルカラーを選びましょう。素材は自然素材の綿や麻などがよいでしょう。

豆知識

たたみにじゅうたんを敷くと家庭運がダウンする

い草を原料とするたたみは、自然の強いエネルギーを持っているため、家庭運を上げます。じゅうたんなどで表面を覆ってしまうと、たたみのパワーが受け取れず、運気がダウン。どうしても敷きたい場合は、全体に敷き詰めず、一部分だけにとどめましょう。寝室に使っている場合は、ふとんの敷きっ放しもNGです。

キッチンアイテム

「木」と「土」の気でバランスを整えて

五行の「火」の気を持つコンロと、「水」の気を持つシンクという、相克《そうこく》関係（詳しくは5ページ）にあるものが同居し、気が乱れやすいキッチンは、アイテム選びも慎重に。両方と相性のよい**木や綿などの「木」の気を持つ素材のキッチンアイテムで気のバランスを整えましょう。**

　とくにコンロまわりは要注意。鍋などの金属製の調理器具は「金」の気を持つため、「火」の気を持つコンロと相性がよくありません。運気ダウンを最小限にするには、それらを出しっ放しにしないこと。「金」と「火」のバランスを取るには、近くに**「土」の気を持つ陶器のアイテムを取り入れましょう。**

1
ただいまー はぁ～ 疲れたー！
おつかれさま
ドサッ
おなかすいたー！
2
いっただきまーす♪
パキッ
あれ？ それって もしかして 割りばし？
3
そうだけど
使っていた はしが 折れちゃってから わざわざ 買うのも 面倒で…
おてもと
わりばし
サッ
ダメーーッ
ダメ ダメ
4
安っぽいものは 自分自身を チープにするのよ！ 割りばしなんて 今すぐ処分よ！
ぐぅ～
わー！ わかったから 今日は 勘弁して～
ポイ ポイ
ゴミ
やだー もー…っ

開運キッチンアイテム

調理道具や食器など、ものが増えがちなキッチン。
積極的に開運アイテムを取り入れて、運気アップしましょう。

赤いもの

「火」の気を持つキッチンは赤と相性がよく、インテリアやアイテムに取り入れると運気がアップ。活力をもたらす赤のパワーが料理につき、健康運もアップ。

陶器

「土」の気を持つ陶器は、乱れやすいキッチンの気を整えてくれます。とくにコンロの近くに置くものに取り入れると吉。デザインを統一してそろえられればベストです。

ふたつきのゴミ箱

生ゴミなどの悪臭は、運気ダウンのもと。キッチンのゴミ箱はふたつきにして、必ずふたをしめましょう。ふたつきでない場合は、ゴミ袋の口を、しっかりと結ぶこと！

大皿

大皿料理を取り分けて食べると、その相手との絆が深まります。家族そろっての食事ではもちろん、恋人同士の場合なら、ふたりで食べることで結婚を意識つけられるかも。

米専用のケース

米は金運の象徴とされ、米を大切にすることは、金運アップにつながります。買ってきた米は袋から出し、米びつや米専用のケースに移して保管しましょう。

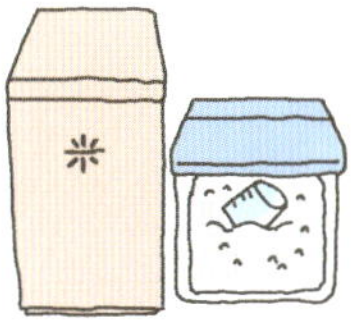

ランチョンマット

運気を上げたければ、ランチョンマットを敷いて。食器を大切に扱うことにつながり、料理から受けられるエネルギーがアップ。あたたかみのある色柄のものを選びましょう。

高級感のある食器

高級なものはその人の品格を上げ、金運を招きます。逆に、安っぽい食器や欠けた食器を使い続けているのはNG。毎日使うものほど、質のいいものにこだわって。

トイレグッズ

余計なものは置かず シンプルに

悪い気や臭いがこもりやすいトイレは、開運インテリアを活用して、運気ダウンを防ぎましょう。

必ず置いてほしいのがマットとスリッパ。これらには、足元から悪い気が入ってくるのを防ぐ効果があります。**色はパステルカラーなど明るいものを選びましょう**。黒やモノトーンなどの暗い色は、悪い気をさらに引き寄せてしまいます。

タオルも同様に明るい色に。マット、スリッパ、タオルはテイストに統一感をもたせることもポイントです。

お気に入りのものを置くと、トイレの悪い気がついてしまいます。**トイレはシンプルな状態がベストです**。

おうちのトイレは大丈夫？

トイレに置くもの○×チェック

トイレはインテリアもマイナスのパワーがつきやすいので
注意が必要です。よい気をもたらすアイテムだけを置きましょう。

植物

花や観葉植物は、悪い気を吸ってよい気を吐き出してくれます。香りのよい花なら、さらに◎。造花やプリザーブドフラワーでは、効果は弱め。

芳香剤

臭いがこもると悪い気がたまってしまいます。消臭剤でもよいですが、できれば香りのよいものを置いて運気ダウンを防ぎましょう。

本や新聞

紙類は悪い気を吸い込みやすく、長時間トイレに置いておくと、それ自体が運気を下げる原因に。

空気清浄器

空気がきれいになれば、トイレにこもった悪い気も浄化されます。窓がないトイレには、とくにおすすめ。

絵

花びんを置くスペースがなければ花の絵を、窓がなければ風景画を。本物同様の効果が得られます。

カレンダーや時計

「時」に関係するものをトイレに置くと、予定や時間にルーズになり、遅刻するなどのミスが増えがちに。

ポスター

大きなポスターなどをドアに貼る人がいますが、これはNG。気の出入り口であるドアに貼ると、よい気が入るのをさえぎってしまいます。

ほしい運気別
開運トイレ

運気の神さまたちがおすすめする、開運トイレのコーディネートを紹介します。

人間関係運

人を招く日は、マットやカバーも清潔なものに取り替えよう。誰からも好かれるドット柄が◎。暖色系であたたかい雰囲気にして。

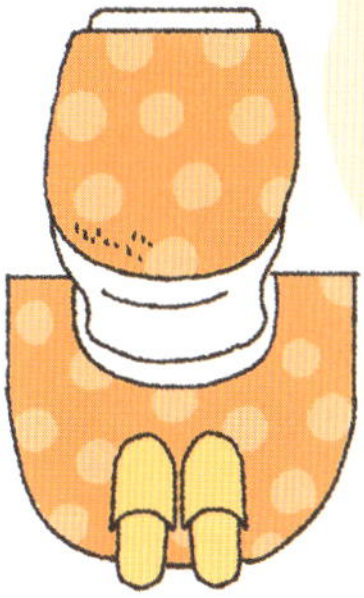

金運

なんといっても黄色！ワンポイントにヒマワリの模様があるとさらに◎。香りにはキンモクセイがおすすめよ。

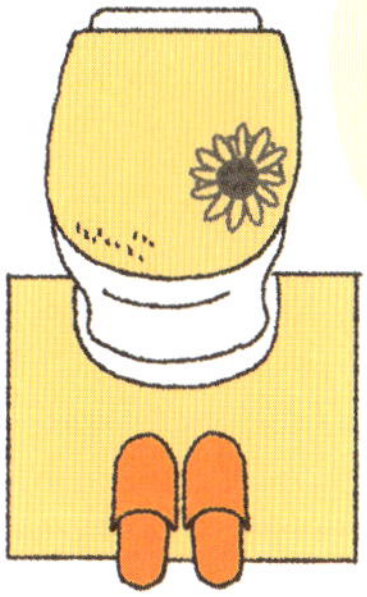

家庭運

家族円満には、ナチュラルな印象のベージュを取り入れて。花や葉のモチーフのものは、開運効果があるわよ。

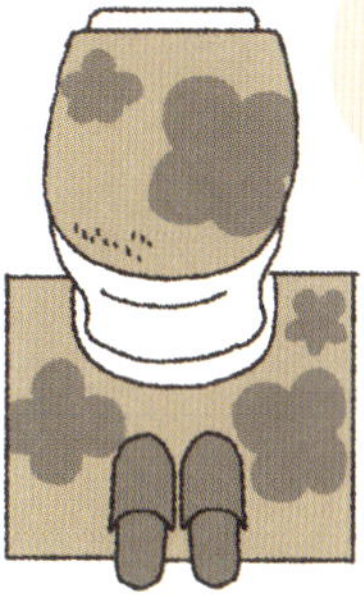

恋愛運

ハートやピンクなどを使った、かわいらしいデザインのものに。マットは毛足の長いもののほうが、厄除け効果が強いわよ。

健康運

清潔感のあるアイボリーがおすすめ。派手な柄は気を乱すので避けて。香りには強力な浄化作用のある、ラベンダーを取り入れてね。

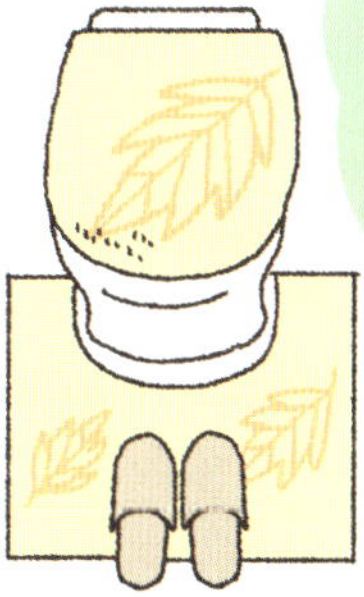

仕事運

気持ちを落ち着かせる、青系で統一しよう。炭を置けば気が浄化されて、頭もすっきり。集中力が高まるよ。

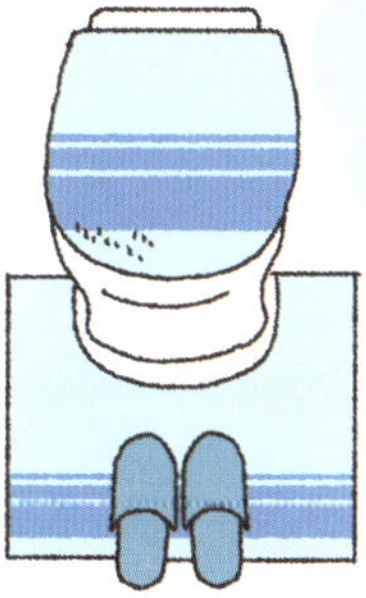

お風呂アイテム

入浴が楽しくなるような明るい雰囲気に

お風呂は大量の水を使い、湿気と悪い気がたまりやすい場所。清潔でリラックスできる環境にして、快適に過ごすことができれば、運気アップが期待できます。

彩りの少ない殺風景なお風呂には、運気もやってきません。**お風呂アイテムは、ピンクやパステルグリーンなどの明るい色を取り入れましょう。**

防水テレビや本を持ち込むのも問題ありません。入浴を楽しむことが、運気アップにつながります。

バスタオルは、肌触りのよいものを選んで。肌触りの悪いものは肌荒れの原因になることも。55ページで紹介した開運をもたらす色柄もおすすめです。

1
うちのお風呂すごくきれいになってるでしょ? 掃除の習慣はすっかり身についたよ
2
うん 清潔なのはいいことだけど殺風景なのはよくないんだ お風呂にはフルーツモチーフがおすすめだよ 女性にはとくにね!
たとえばコレとか
フルーツね
3
後日…
フルーツモチーフをそろえてみたけど あんまり効果ないよ～?
どれどれ見てみようか
4
これじゃあやりすぎだよ ほどほどにしなきゃ…
フルーツよ

ほしい運気別

開運お風呂

運気の神さまたちがおすすすめする、開運入浴法を紹介します。

人間関係運

親しみがあるフルーツの香りは、人間関係をアップさせるよ。みかんやゆずを切って、湯船に浮かべるのも◎。美容にも効果があるよ。

金運

ジャスミンの香りの入浴剤は、ゴージャスな気持ちになれてGood。お湯をキラキラにする、ラメ入りの入浴剤もいいわよ。

家庭運

ヒノキの香りは、樹木の持つ自然のパワーで家庭運をアップ。ヒノキ風呂に入っているような気持ちになって、リラックスできるわよ。

恋愛運

花びらを浮かべれば、女性の魅力が高まり、恋愛運アップ。花びらの形をした入浴剤や、赤ワインを入れた赤いお風呂でもOK。

健康運

浄化作用のある日本酒は、体の中にたまった毒素を排出し、美肌・美白・保湿の効果が。湯船にコップ一杯くらいを目安に入れて。

仕事運

仕事で嫌なことがあった日は、天然塩を入れたお風呂で悪い気を浄化しよう。ラベンダーオイルを入れると、さらに効果が上がるよ。

ベッド&寝具

心地よい眠りを導く あたたかみのある寝具を

幸運体質の基本は健康であること。快眠は健康をもたらし、あらゆる運気を上げます。体に合ったベッドと質のよい寝具で、睡眠環境を整えましょう。

ベッドの素材は、自然のパワーを持つ**木製がおすすめ**。とはいえ、すでに木製以外のベッドを購入してしまっている場合は、買い替えは難しいもの。寝具などでフォローして、運気ダウンを防ぎましょう。下で紹介している解決策を試してみてもよいでしょう。

寝具はあたたかみのある色でそろえるのが◎。黒やモノトーンは、停滞のパワーを持ち、活力がダウン。派手な色柄は落ち着かず、運気にも浮き沈みが生じることになるので避けましょう。

ぐっすり眠って運気アップ

理想のベッド&寝具のポイント

ふとん&ふとんカバー

あたたかみのある色が吉。太いボーダーなどのはっきりした色柄は、気が乱れがちになるので避けましょう。運気別のおすすめの色柄については、次のページを参考にしましょう。

枕&枕カバー

枕は大きいほどよく、才能を発揮できるパワーがつきます。カバーは白が無難。カバー代わりにタオルを巻くのはやめましょう。

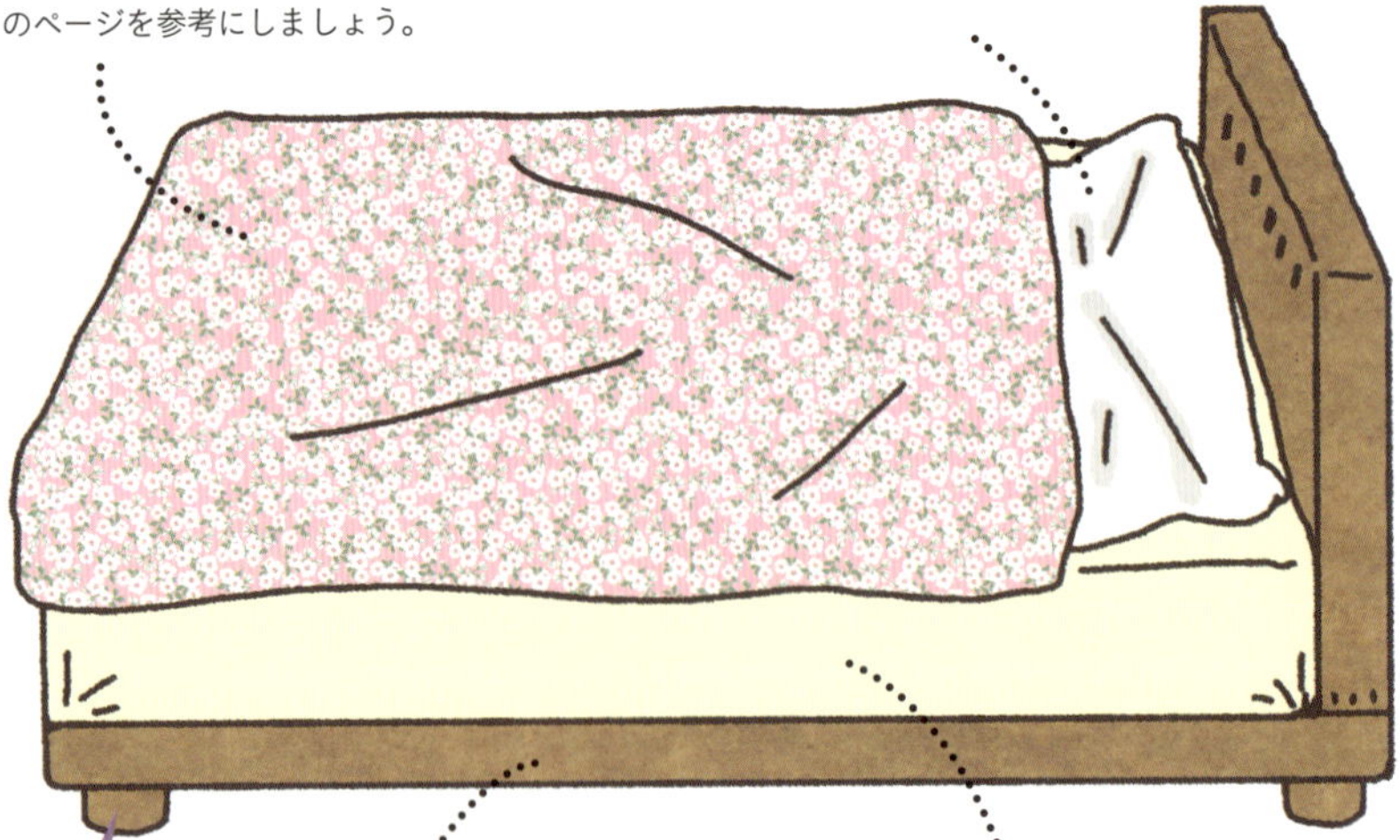

ベッド

大きなベッドで寝ると、その人自身のステータスが上がり、仕事運がアップ。冷たい印象を与えるステンレス製のベッドは、愛情や恋愛を冷やします。恋愛運を上げるアイテムとされるリボンを脚に結んでフォローして。

シーツ

清潔感のある白や、パステルカラーなどの明るい色がおすすめ。また、寝ている間に出た汗で、シーツはすぐに悪い気が発生してしまいます。こまめに洗いましょう。

ほしい運気別

開運ふとんカバー

運気の神さまたちがおすすすめする、開運ふとんカバーのポイントを紹介します。

人間関係運

淡いオレンジ色と調和をもたらすドットで、気持ちも穏やかに。人間関係に悩んだら、ふとんカバーを変えてみよう。

金運

パステルイエローが理想。光沢があって、高級感のあるサテンの生地がいいわ。金運アップには、質のよさを重視して。

家庭運

花柄とサーモンピンクは、愛情運を高めるの。夫婦のふとんカバーに取り入れれば、夫婦仲も円満になるかも。純白だと、性生活がクールになりがちよ。

恋愛運

淡いピンク生地に定番のハートや花柄がおすすめよ。寝ている間に、女性らしさや男性を引き付けるパワーをチャージできるわ。

健康運

さわやかなパステルグリーンで、寝ている間に体も心もリフレッシュ。ストレスフルな人や疲れ気味の人におすすめよ。

仕事運

落ち着いた睡眠で脳をしっかり休ませるには、青がおすすめ。才能を引き出してくれる星柄や、細いストライプがいいね。

照明器具

照明の色を上手に使い分けて

風水では、照明は太陽の補助をするものとされ、よい気をもたらすラッキーアイテムです。日当たりの悪い部屋や場所には、積極的に置きましょう。

明るい家には、よい気が入ってきます。なので、すべての気の出入り口となる玄関は、とくに明るく。家の中の運気がぐんとアップします。

オレンジ色の光は穏やかな気持ちになり、リビングや寝室に最適。コミュニケーション力も高まります。一方、**青白い光は冷静になり、集中力をもたらすため、書斎や勉強部屋に最適です。**部屋の使い道に合わせて適切な照明の色を選び、効果的によい気を招き入れましょう。

1
このシャンデリアいいな～キラキラして金運アップしそう！
その通り！金運はシャンデリアが大好きじゃ
よーし！
2
数日後…
我が家にもシャンデリアをつけてみました！
どう♪好きでしょ？
どーーん
ダメよこんなの～
部屋の雰囲気に全然合ってないじゃない！それにサイズも大きすぎるわ
3
部屋にはその部屋にあったテイストのインテリアを選ばなくちゃ！
いくらシャンデリアだってこれじゃ全然意味がないわ！
帰る!!
バイバイ
え!?
ま…?
4
というわけだったのまだまだわかってなかった…
そうじゃな和室には和室に合ったデザインを選ばんといかんぞ
早く仲直りせんとな

シーン別

照明パワー活用術

照明がもたらすパワーをうまく使った
部屋ごとの効果的な取り入れ方を紹介します。

運気の足りない場所を
パワーアップ！
仕

寝室で 照明にメリハリをつけて気を活性化

活動時間は明るく、就寝前は間接照明だけにするなど、明るさにもメリハリをつけると、気の流れが活発になります。ときどきキャンドルを使うなど、照明の変化を楽しむのも◎。

書斎で 青白い光で集中力アップ

青白い光は、集中力を高めるため、書斎や勉強部屋に最適です。天井の照明がオレンジ色の光なら、デスクの照明だけに取り入れても効果は得られます。

廊下で フットライトで気の流れをスムーズに

足元を明るく照らすフットライト。暗くなりがちな廊下や階段に取り入れると、気が通り抜けやすくなり、その家の気の流れをよくします。あたたかい印象で運気もアップ。

玄関で 運を招きにくい玄関の明るさ補充に

窓がない玄関や北側の玄関など、日当たりが悪くて運気アップが難しい場所には、あたたかみのあるオレンジ色の光のスタンドランプを置きましょう。

鏡

丸か楕円がおすすめ。八角形は最強

鏡は古来から尊いもとのされ、風水では、強力な開運パワーを持つアイテム。鏡が一枚もない家は、運気が上がらないといわれることもあるほど。

ただ、数を置けばいいというものではありません。**ひと部屋にたくさん置いたり、合わせ鏡にしたりすると、よい気を跳ね返してしまい、逆効果になることも。**パワーが強いだけに、扱いにも注意が必要です。汚れにも敏感なので、拭き掃除を心がけましょう。

形は**丸か楕円、風水パワーの強い八角形を選んで。**大きさは、顔全体が映ればよく、もちろん全身が映る鏡でもかまいません。フレームの素材や色は、好みのものでOKです。

1
玄関の鏡は入って右側に置くと人間関係運がアップするよ
金運をアップしたいなら左側に置くといいわよ
へぇー
左側 右側
金
人
2
ちやほや
えー?あくしゅ会?
いいこときいちゃったー!♪
3
ちっはっは
両方に鏡を置けば人間関係運も金運も両方が手に入るってわけだ!
カンペキ
4
バチバチ
残念だけど合わせ鏡は逆効果なんだよね
欲張る人にはどっちの運気も上がらないわよ~
行こ行こ

シーン別

鏡のパワー活用術

鏡はパワーが強いため、たくさん置くのもよくありません。
効果的な飾り方で、鏡のパワーを最大限に生かしましょう。

鏡は健康チェックに欠かせないアイテム！
健

うん♪
バッチリ

玄関で　出かける前に身だしなみチェック

玄関の鏡は、立ったときにちょうど顔が鏡に映る高さに掛けましょう。出かける前に鏡で身だしなみをチェックする習慣をつけて。見た目の好印象につながり人間関係運がアップ。

ツヤ
ツヤ
だわ♡

寝室で　三面鏡でメイクアップ

美しさを保つには、ドレッサーに座って、落ち着いてメイクをすること。鏡は顔全体が映る三面鏡がベストです。もちろん鏡はいつもピカピカに。美への意識が高まります。

洗面所で　毎日見る鏡に花を映り込ませて

鏡は自分を映しだすもの。美容運を司る洗面所の鏡に、美しいものを映り込ませると、その鏡を使う人の美しさもアップ。きれいな花は、女性の魅力を引き立たせます。花びんの水は、こまめに取り替えましょう。

今日も
かわいい

豆知識

寝姿が鏡に映ると運気がダウン

寝室の鏡に、自分の寝姿が映り込んでいると、蓄えたよい気が、寝ている間にどんどん吸い込まれてしまいます。鏡の位置を変えられない場合は、寝ている間だけでもカバーをして隠しておきましょう。部屋に鏡を置くのは、体への意識を高め、健康運も上がるのでとてもよいこと。ただし、置く場所だけは注意して。

写真&絵

自分が好きなものを飾るのがいちばん！

写真や絵は、壁に一枚飾るだけで部屋が明るい印象になる、風水でも欠かせないラッキーアイテムです。

写真や絵は、写っているものや描かれているものが持つパワーを代行してくれます。たとえば花が飾れない場合に、代わりに花の絵を飾ればそれに近い効果が得られます。

飾るものは、自分がよいと感じたものでOK。迷った場合は、次のページで紹介している、被写体が持つ開運パワーを参考に選んでも。サイズは、部屋とのバランスを考えて選びましょう。

どんな写真や絵でも、ていねいに扱うことが大切。**飾るときは、しっかりした額縁やフレームに入れましょう。**

部屋に飾って運気アップ！

人物写真の飾り方と開運パワー

人物写真は、人間関係運を上げてくれるアイテムです。
人づき合いが苦手と感じている人は、積極的に飾りましょう。

家族写真

家族写真をリビングに飾っている家は、家庭運がアップし、家族の絆が深まります。額縁やフレームなどに入れて、リビングの目立つ場所に大切に飾りましょう。

友達や仲間との写真

親しい人との写真を飾ると、その人との人間関係が深まります。飾るときは、写真に直接がびょうやテープを貼らないこと。乱雑にせずていねいに扱いましょう。

好きな人との写真

自分と好きな人がふたりきりで映っている写真を飾ると、相手との距離が近づきます。ほかの人も大勢映っている写真だと、友達どまりになりがちなので注意して。恋人同士なら、ふたりの仲がより深まるでしょう。

豆知識

ポスターは貼る場所を選べばOK

好きなものを飾ると、明るい気持ちになり、運気がアップ。好きなアーティストなどのポスターを、寝室などのくつろぎのスペースに飾ると、開運効果が得られます。ただし玄関やトイレは個性を主張するものを飾るのにふさわしくないため、避けたほうがよいでしょう。

ひと目でわかる

写真や絵の開運パワー

写真や絵の被写体が持つパワーを紹介します。
ほしい運気があるなら、選ぶときの参考にしてください。

選ぶのに迷ったときの参考にしてね
家

空や雲 → 全体運

風をイメージさせ、気の流れをよくします。また、空は天や宇宙につながることから、強いエネルギーを持つとされています。

山 → 家庭運 仕事運

どっしりとかまえる山は、その様から抜群の安定をもたらします。とくに赤富士はエネルギーが強く、仕事を成功へ導きます。

フルーツ → 恋愛運

果物は実りの象徴。寝室に飾るとセックス運が高まり、子宝運もアップ。アダムとイブの話で知られるリンゴは、愛情を深めます。

海や魚 → 健康運 人間関係運

水の中を優雅に泳ぐ魚には、いやしの効果があるとされ、健康運がアップ。集団で泳ぐイルカやクジラには、友情を深めるパワーも。

幾何学画 → 仕事運

さまざまな図形が組み合わせられている幾何学模様は、脳を刺激。頭がさえて、才能や自分のよさが発揮できるとされています。

花 → 全体運

描かれている花によっても運気が異なりますが、いろいろな花の花束なら万能に効果的。花の種類別のパワーは、82ページを参考に。

有名な芸術作品 → 金運

多くの人から称賛され、高値で取り引きされた作品には、たとえ模造品でも強い金運パワーが宿っています。額縁も質のよいものを。

建物や町 → 仕事運 人間関係運

高い建物やそこから町を見下ろす景色は、天下をイメージさせ、出世運がアップ。にぎやかさが楽しい人間関係をもたらします。

香り

好きな香りは自分を元気にしてくれる

よい香りは、自然と心を穏やかにし、リラックスさせてくれます。空間によい気をもたらすだけでなく、悪い気を浄化する作用もあるため、臭いがこもりがちなトイレやバスルームに取り入れると、運気ダウンを防げます。

また、香りは、女性に強力な運気アップをもたらす開運アイテム。女性らしさを高め、良縁を引き寄せます。シングルの女性には、とくにおすすめ。

基本的には、**自分が心地よいと感じる香りを取り入れるのがベスト。**好きな香りは、それだけでエネルギーが湧いてきます。ほしい運気がある場合は、次のページで紹介する、香りのパワーを参考にしてもよいでしょう。

好みの方法で楽しもう

いろいろな香りの取り入れ方

ルームフレグランス以外にも、生活に香りを取り入れる方法はさまざま。それぞれが持つ開運効果も合わせて、香りグッズを紹介します。

ルームスプレー

急な来客のときや、臭いが気になる場所に、素早く香りをつけられるのが特徴。掃除後にもシュッとひと吹きで、さわやかに。

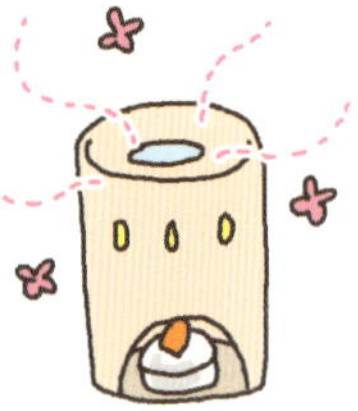

アロマテラピー

植物に由来する精油を用いて香りを楽しむもの。精油をマッサージオイルに加えたアロママッサージなどもリラックス効果大。

せっけんやシャンプー類

好きな香りのせっけんやシャンプーを使うと、元気が湧いてきます。仕事で嫌なことがあった日も、香りのパワーでリフレッシュ。

入浴剤

湯船に入れて、いい香りのお風呂に。入浴時間を好きな香りで楽しむことで、厄もしっかり落ち、健康運アップにつながります。

アロマキャンドル

香りも楽しめるアロマキャンドルは美容運を司り、女性の運気をアップさせます。ただし、火の消し忘れには注意しましょう。

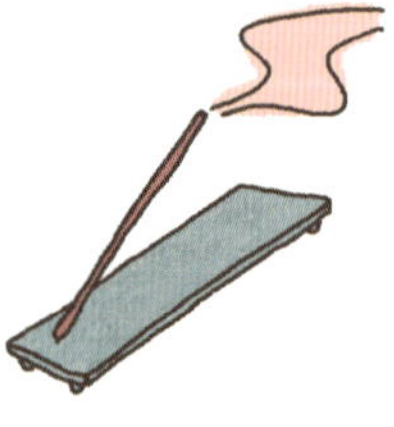

お香

線香の煙は、その場を清め、空気を浄化する作用があります。悪い気がこもりやすいトイレなどにおすすめ。掃除の仕上げに炊いても。

ほしい運気別

開運フレグランス

運気の神さまたちがおすすすめする、開運フレグランスのポイントを紹介します。

人間関係運

ピーチや**オレンジ**などのフルーツの香りは、親しみやすくて誰からも好かれるよ。柑橘系のフルーツは、結婚運アップも！

金運

上品な**ジャスミン**の香りや、黄色い花を咲かせる**キンモクセイ**は、金運を高めるの。生活の安定も期待できるわよ！

家庭運

いやし効果が抜群な**ラベンダー**は、家庭内を穏やかにするわ。セックスレスの夫婦には、官能的な香りの**イランイラン**がおすすめ。

恋愛運

エレガントな**ローズ**の香りは、恋愛運アップに最強。女性の魅力をより引き立ててくれるの。香水に取り入れるのもおすすめよ。

健康運

ミントなどのハーブの香りは、健康をサポート。**ローズマリー**は“若返りのハーブ”といわれるように、アンチエイジング効果も！

仕事運

ティートゥリーや**ユーカリ**など、グリーンのさわやかな香りは、頭をすっきりさせてくれて、疲れた頭もリフレッシュできるよ。

観葉植物

置くだけで運気上昇　一年中楽しめるのが魅力

季節を問わずさわやかなグリーンを楽しめる観葉植物は、インテリアとしても人気。室内のよどんだ空気を浄化し、乱れた気のバランスを整える、開運には欠かせないアイテムです。どんな部屋とも相性がよいのも、魅力のひとつ。小さな鉢植えをひとつ置くだけで、運気がアップします。

種類は豊富ですが、基本的に**どんなものでも開運パワーがあります**。好みのものを選びましょう。

ただし、枯れた葉や落ち葉がそのままになっていると逆効果。葉の表面についたホコリも同様、手入れはこまめに行うこと。鉢には陶器がおすすめです。

1
観葉植物って どれを置いても いいって本当？
うん。でも 葉の形や 全体の フォルムで パワーは 異なるぞ
2
たとえば 丸い葉は金運や 人間関係運を 招くし とがった葉は 頭をシャキッと させて仕事運を 招くんじゃ
まるい
とがってる
3
パキラ
うちには パキラがあるけど これは？
背が高く上に伸びる木は 発展の気を持ち やる気や向上心を アップさせるんじゃ
4
よし！ 決めた！ 友達の 結婚祝いは やっぱり 観葉植物に しよう！
コレくださーい
いいね！

シーン別

観葉植物のパワー活用術

さわやかな緑で
よい気を呼ぼう
健

**観葉植物はどんな場所にもマッチする開運アイテム。
なかでもおすすめの活用法を紹介します。**

キッチンで 気のエネルギーが強い電気製品の横に

キッチンは、強い気を発する電気製品が同居し、気が乱れやすい場所。とくに電子レンジと冷蔵庫は、反発し合う性質を持っています。並べて置く場合は、気のバランスを整える観葉植物を間に置いて、気の乱れを緩和しましょう。

トイレで 掃除グッズの目隠しに

悪い気がたまりやすいトイレに、浄化作用のある観葉植物はおすすめ。窓のないトイレには、積極的に置きましょう。また、掃除グッズが見えるところにあると健康運が下がるので、観葉植物を目隠しに利用するのもおすすめです。

廊下で 気がたまりやすい隅のスペースに

部屋の隅は気の流れが滞りやすく、とくに廊下や階段の隅は暗くて悪い気がたまりやすい場所。観葉植物を置いて、よい気を補いましょう。健康運ダウンを防いでくれます。ときどき外に出して日光に当てれば、開運パワーもアップ。

豆知識

サボテンは人間関係のトラブル解消に効く

サボテンのトゲには、悪いものを寄せつけないパワーがあるとされています。苦手な人や、くされ縁の人との人間関係が解消できず悩んでいるようなら、小さなものでもよいので窓際にサボテンを置きましょう。邪気を払ってくれます。

花

浄化作用の強い生花がベスト

花は、運気アップには欠かせないアイテム。見た目の華やかさやよい香りだけでなく、花が呼吸をすることで、悪い気を吸ってよい気を出してくれるといった、強い浄化作用もあります。どの部屋に飾っても効果が期待できます。花びんは陶器やガラス製を選ぶと◎。

飾るなら**生きた花**を。**なかでも効果が高いのは旬の花**です。ポプリやドライフラワーは「枯れた花＝死んだ花」とみなされ、運気ダウンにつながるので避けましょう。造花やプリザーブドフラワーも悪くはありませんが、呼吸をしないため、生花ほどの効果は期待できません。

願いごとに合わせて選ぼう

ラッキーフラワーガイド

カーネーション

けんかした相手と仲直りしたい

気を浄化する作用があり、壊れた人間関係を円満にするなど、乱れた気を落ち着けます。仲直りの気持ちを込めて花を送っても。

フリージア

新しい職場で頑張りたい

新しいことへ前向きに進んでいくパワーがアップします。入社式や入学式などの新しいスタートの日に飾ってみて。

スイートピー

すてきな人に出会いたい

フリルのような花びらが可憐さを連想させ、女性の運気と恋愛運を高めます。良縁も期待できます。とくにピンクがおすすめ。

ミモザ

小さな収入を増やしたい

小さくてころころした黄色い花をつけるミモザは小判を連想させます。小さな収入が、やがて総合的な金運につながるかも。

カスミソウ

イライラを落ち着けたい

イライラや怒りから、心を鎮める作用があります。人間関係にストレスを感じたときなどにおすすめ。ほかの花と組み合わせてもＯＫ。

チューリップ

誰からも愛される女性に

親しみやすく、誰からも愛されるチューリップは、女性の美しさと愛情運をアップ。家庭的になり、結婚のチャンスも。

アジサイ

正しい判断力をつけたい

青いアジサイは心を落ち着かせ、冷静な判断力をもたらすため、仕事運や勉強運を強化します。食欲を抑えるので、ダイエットにも◎。

ガーベラ

好きな人と結ばれたい

茎の長い花は、縁を結ぶパワーがあるといわれます。高さのある花びんに飾れば、より効果的。オレンジやピンクを選ぶと効果大。

キキョウ

高まった緊張をほぐしたい

リラックス効果が高く、緊張感を抑えてくれます。大切な勝負ごとの日には部屋に飾って。心が落ち着いて、実力が発揮できます。

カラー

不安定を解消したい

白い花は浄化作用があり、厄除け効果も抜群。季節の変わり目や、体調が不安定なときなどに最適です。人間関係のトラブル解消にも。

ヒマワリ

金運全体を強めたい

黄色い大輪の花を咲かせるヒマワリは、強い金運をもたらします。一輪でも効果抜群。部屋を明るい印象にし、全体の運気もアップ。

ラベンダー

家庭円満に過ごしたい

よい香りで心を落ち着かせる、いやしの代表格。気持ちが安定し、家庭内も穏やかに。寝室に飾れば、心地よい睡眠が得られます。

ヒヤシンス

仕事で成長して認められたい

球根から芽を伸ばす花には、成長を促すパワーが。球根には強いエネルギーが詰まっているとされ、その人の才能を伸ばします。

バラ

フェロモンアップでモテたい

恋愛運アップに最強のパワーを持つ花。女性の魅力が引き立ち、セクシーさもアップ。とくに赤やピンクは効果大です。

マーガレット

貯蓄力を高めたい

キク科の花は、たくさんの花びらの重なりが貯蓄のイメージにつながり、金運に効果が。黄色のマーガレットがおすすめ。

ダリア

自分に自信を持ちたい

赤いダリアには、力を引き出すパワーが。プレゼンなどに自信が持てないときに部屋に飾れば、エネルギーが湧いてくるかも。

季節の花を飾ろう

花カレンダー

旬の花は開運パワーが強く、とてもおすすめです。
82～83ページで紹介した花の旬の時期を
カレンダーにまとめたので、参考にしてください。

1月
2月
3月
4月
5月
6月
7月
8月
9月
10月
11月
12月
フリージア
ミモザ
チューリップ
カーネーション
スイートピー
カスミソウ
ガーベラ
カラー
ラベンダー
バラ
ダリア
アジサイ
キキョウ
ヒマワリ
ヒヤシンス
マーガレット
マーガレット

運気別一覧

人間関係運

カーネーション

カスミソウ

金運

ミモザ

ヒマワリ

マーガレット

家庭運

ラベンダー

恋愛運

チューリップ

スイートピー

ガーベラ

バラ

健康運

カラー

キキョウ

仕事運

フリージア

ダリア

アジサイ

ヒヤシンス

フフフン フン♪
ザー
おっ ご機嫌じゃな
掃除は完ぺきだし インテリアも いいものに変えたし 最近運気が上がって きた感じがするんだ! 神さまたちも よく来てくれてるよ
おじゃましてまーす
ほぉー
そこまでいうなら ちょっと のぞかせて もらおうかな
どうぞどうぞ
なっ
な、なんと! よくできている じゃないか!!
まさに風水のモデルルーム!!
イイネ!!
でしょー
よし! それでは 徹底チェック じゃ! 1章と2章で やってきた 掃除と インテリアの ポイントを、 部屋ごとに チェックして いこうか!
オッケー♪ まかせて♪
Let's go!

ここまでをおさらい！
理想の部屋
はこれ！

玄関

開運のマークが主なポイントじゃ！
風
開運 照明が明るい → 15 ページ
開運 鏡を飾っている → 75 ページ
開運 かぎは所定の位置に保管
開運 季節の花を飾っている → 82 ページ
開運 絵を飾っている
開運 くつ箱の上がすっきり
開運 くつ箱の中が整理されている → 18 ページ
開運 来客用のスリッパがある
開運 たたきがすっきり。くつは１～２足 → 17 ページ
開運 明るい色柄の玄関マット → 62 ページ

運気が入りたくなるような明るさと清潔さがカギ

玄関は運気を家の中に招き入れる、最初の入口。家の中のどこよりも先に、玄関を整えることから始めてもよいといっても過言ではないほどです。

理想の玄関をつくるときの基本的な考え方は、**「運気がその家に入りたくなるかどうか」**です。

第一に、**照明はとにかく明るく**。暗くてどんよりした玄関では、迎えられる運気も尻込みしてしまいます。天井照明だけでなく、くつ箱の上などにスタンドランプを置いても◎。

次に重要なのは、**たたきやくつ箱の中が清潔で整理された状態であること**。「たたきのくつは1～2足」が鉄則。必要以上のくつや、余計なものを置いたままにするのはやめましょう。

玄関を彩る花や絵、風水のラッキーアイテムの代表である鏡も、積極的に玄関に飾りたいインテリアです。

もっと知りたい 開運マークのポイント解説

来客用のスリッパがある

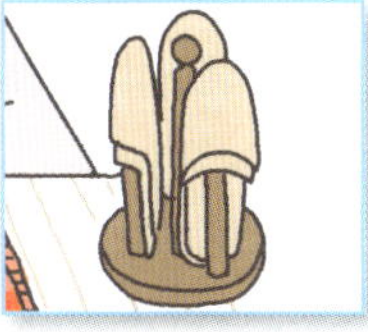

家族のスリッパ以外に、来客用のスリッパを用意しておくと、人がたくさん集まる家になります。出会いの機会も増えるでしょう。よい人に恵まれるには、高級感のあるスリッパを選んで。また、ときどき洗って、清潔にしておくと◎。

くつ箱の上がすっきり

玄関にものが多いと、気が乱れてしまいます。くつ箱の上も、ごちゃごちゃとものを置かずにすっきりさせましょう。絶対に置いてはいけないのは、ぬいぐるみや剥製の置きもの。生気を吸い取り、その家に住む人の運気をダウンさせます。

絵を飾っている

絵を飾ると、玄関が明るい雰囲気になり、よい気を呼び込みやすくなります。玄関の広さに見合ったサイズのものを選ぶと◎。お客様を迎え入れる玄関なので、誰からも好まれる、花や風景画がおすすめです。→選び方は76ページへ

かぎは所定の位置に保管

かぎはドアだけでなく、幸運への扉も開けてくれる大切なもの。専用ケースやかぎかけなど、かぎの保管場所をきちんと決めて、必ずそこに保管ようにすると、運気がアップ。場所はドアに近いほうがよいとされています。

豆知識

ドアの飾りつけは運気に嫌われる

家の出入り口である玄関のドアは、住む人や来客だけでなく、気の出入りも行われるところ。ドアの表面にリースやウェルカムボードなどを飾っている家をよく見かけますが、気の出入りの妨げになり、よい運気が入りにくくなるのでやめましょう。どうしても飾りたければ、小さな鈴くらいに。チリンとなる明るい鈴の音が、福を招いてくれるでしょう。

ここまでをおさらい！
理想の部屋
はこれ！

リビング

開運
のマークが主なポイントじゃ！
風

開運 清潔な明るいカーテン
→ 20ページ、56ページ
開運 窓がきれいに磨かれている
→ 21ページ
開運 部屋のサイズに合ったテレビ
開運 部屋を見渡せるソファー
開運 テレビの隣の観葉植物
開運 コード類がすっきり
開運 ものはきちんとそろえて置く
開運 FAXつきの電話
開運 清潔であたたかみのあるじゅうたん
→ 19ページ、62ページ

穏やかで心やすらぐ空間に

一日のなかでも過ごす時間が多いリビングは、**心がやすらげる、居心地のよい空間であること**がポイント。家族住まいの場合は、家族全員がくつろぎ、穏やかな気持ちで生活するためのとても大切な場所です。

床やテーブルの上に**ものが散らかっていたり、ゴミが落ちていたりすると、気が乱れて運気ダウンの原因に**。ソファーの上も、ものや服を脱いだままにしておくのはやめましょう。

インテリアには、あたたかみのあるものが吉。ソファーやラグ、カーテンは暖色系にして、部屋を明るい雰囲気にしましょう。和室をリビングにするのも、家庭運アップにおすすめです。

気の出入り口である窓は、こまめに掃除を。一日一度は窓を開け、新鮮な空気とともに、よい気を招き入れましょう。

もっと知りたい

開運マークのポイント解説

コード類がすっきり

気を乱さないためには、テレビなどのコード類をすっきりとさせて。見えない位置にまとめるか、たるんでいる部分をゆるくまとめます。発火や断線の危険があるのできつく結ぶのはNG。ケースなどに入れて目隠しをするのでもOKです。

部屋のサイズに合ったテレビ

テレビは、リビングの広さに合うサイズのものを選んで。情報をもたらす機器は人間関係運を左右します。テレビが大きすぎても小さすぎても、その場にそぐわずに人間関係運に悪影響が。置き場所は、リビングの中心から東や東南の方角が吉。

ものはきちんとそろえて置く

ものが散らかっていないすっきりとしたテーブルや床は、気の流れをよくします。リモコンなどは、きちんとそろえて置く習慣をつけましょう。使ったものは片付けて、それぞれが決まった場所に収まっていることも気の流れをよくします。

部屋を見渡せるソファー

ソファーはリビングのいちばん奥に置くと落ち着いて過ごせます。壁を背に、部屋全体を見渡せる位置がベストです。また、ソファーは座るためのもの。脱いだ服やものを置くのは、ソファーの使い方としてふさわしくないのでやめましょう。

FAXつきの電話

通話だけでなく、FAXの機能もついている電話がおすすめ。とくに仕事運によい影響があるでしょう。コミュニケーション力もアップし、よい情報もいち早くゲット。モノトーンのものよりカラフルなデザインのほうが、より幸運を招くパワーがあります。

テレビの隣の観葉植物

テレビなどの電気製品は、静電気でホコリがたまりやすく、掃除をまめにしないと悪い気が発生しやすいもの。まめに掃除をする自信がない場合は、隣に観葉植物を置いておけば、汚れたものから発生する悪い気を浄化して、運気ダウンを防いでくれます。→選び方は80ページへ

ここまでをおさらい！
理想の部屋
はこれ！

寝室

開運
のマークが
主なポイントじゃ！
風

開運
光を通さない
厚手のカーテン
開運
メイク専用
スペースがある
開運
除湿剤を
置いている
→ 26 ページ
開運
収納スペースが
整理されている
→ 26 ページ
開運
ベッドを部屋の
真ん中に配置
開運
枕まわりが
すっきりしている
→ 24 ページ
開運
清潔であたたかみの
ある寝具
→ 24 ページ、70 ページ
開運
香りグッズを
置いている
→ 78 ページ
開運
円型の
目覚まし時計
開運
ベッドの下が清潔
→ 24 ページ

枕まわりはすっきりと！幸運体質は寝室で決まる

居心地のよい寝室で質のよい睡眠をとることは、幸運体質になるいちばんの近道。人は寝ている間に気をチャージするので、室内によい気があふれていれば、それを体に取り込めます。

気は頭から入るとされるため、枕まわりの環境がポイント。余計なもの、とくに携帯電話やパソコンなどの電気製品を置くのはNG。枕まわりに置くものは、リラックス効果のある、香りのよい花などがおすすめです。

ベッドまわりや寝具は清潔に。とくにベッドの下が汚れていると、体が悪い気に包まれてしまいます。**寝具はあたたかみのある色柄のものが吉。**ときどき天日干しにして、太陽のエネルギーをもらいましょう。

収納スペースは**整理整頓と除湿を行い、いつでも使いやすく、すっきりした状態に**しておきましょう。

もっと知りたい

開運マークのポイント解説

ベッドを部屋の真ん中に配置

ベッドを壁や窓にぴったりつけると、ベッドまわりの気の巡りが悪くなるので、部屋の真ん中に置くのが◎。真ん中に置くのがスペース的に無理な場合も、15cm以上は離しましょう。枕を置く方は壁につけると落ち着いて眠れ、健康運がアップ。

円型の目覚まし時計

目覚まし時計を置くなら円型がベスト。丸いものは人間関係を円満にし、ものごとの進行をスムーズにします。また機械的な印象のデジタル表示のものよりも、本来の時計の姿であるアナログのものを選ぶと、リラックスして過ごせるでしょう。

光を通さない厚手のカーテン

夜の外気は悪い気を含んでいるので、寝室の窓とカーテンは、寝る前に必ず閉めること。開けっ放しは絶対にNGです。寝室には、光を通さない厚手のカーテンがおすすめ。朝までぐっすり眠れるうえ、外気からの暑さ寒さも防げます。

メイク専用スペースがある

風水では、行われるべき場所で行動することが大切。メイクをするときは、メイク専用のドレッサーで行うのがベスト。ドレッサーを置くスペースがない場合は、専用の鏡とメイクボックスを使ってもOKです。鏡はこまめに磨きましょう。

豆知識

フローリングにふとんを敷いて寝ると運気がダウン

風水では「フローリング＝家の中の地面」と考えるので、フローリングに直接ふとんを敷いて寝るのは、不適切な行為。フローリングの部屋にはベッドを置くのが理想ですが、どうしても置けない場合は、マットレスやラグを敷きましょう。一段高くするだけでも運気ダウンが防げます。

ここまでをおさらい！

理想の部屋はこれ！

キッチン

開運のマークが主なポイントじゃ！

開運 扉がある食器棚
開運 手元を明るくする照明
開運 コンロやシンクがきれい
→ 31 ページ，32 ページ
開運 生ゴミが残っていない
開運 冷蔵庫の中が整理されている
→ 34 ページ
開運 刃ものをきちんと収納している
→ 33 ページ
開運 調理器具と調理油は別々に
開運 上質できれいな食器
→ 35 ページ
開運 ふたつきのゴミ箱
→ 65 ページ
開運 暖色系のキッチンマット
→ 63 ページ

シンクとコンロの汚れを放置しないこと

キッチンは、家の中でももっとも気が乱れやすく、運気を保つのが難しいとされる場所ですが、理想の状態にしておけば、金運や家庭運がアップ。また、キッチンで料理を作る人だけでなく、その料理を食べる人の運気も上がります。

注目すべきポイントは、キッチンのメインとなる、**シンクとコンロ**。ここが油で汚れていたり、洗いものなどで汚くなっていたりすると、ツキに見放されてしまいます。**使用後はさっと拭くなど、こまめな手入れを習慣づけるとよいでしょう。**

また、生ゴミなどからの**悪臭は運気ダウンの原因に**。ふたつきのゴミ箱を使う、こまめな換気をするなどで、しっかりと臭い対策をしましょう。

気のバランスを整えるインテリアには、観葉植物がおすすめです。

もっと知りたい 開運マークのポイント解説

扉がある食器棚

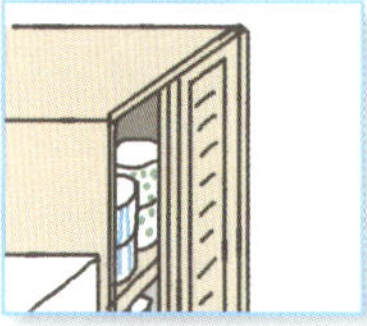

食器は金運に関係するアイテムなので、汚れていたり、整理されていなかったりすると、金運がダウン。扉がある食器棚ならホコリがたまりにくく、食器をきれいな状態に保てます。食器の種類や大きさをそろえて収納するとよいでしょう。

調理器具と調理油は別々に

フライパンや鍋など、金属製の調理器具は「金」の気を持ち、調理油は「火」の気を持ちます。五行の「金」と「火」の気を持つものは相性が悪く（詳しくは5ページ）、一緒に収納すると気が乱れて運気ダウンに。できれば収納は別々に。

手元を明るくする照明

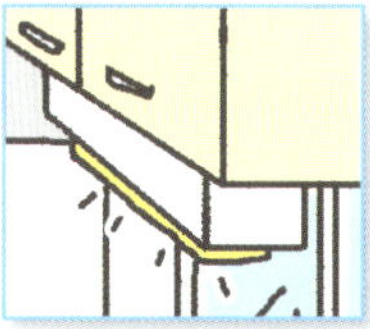

暗いキッチンでつくった料理には、よい気が宿りません。照明は切れたままにせず、すぐに取り替えて。とくに手元の照明は食材のよし悪しをきちんと判断するためにも大切。健康を損なわないためにも、明るい照明の元で料理をしましょう。

生ゴミが残っていない

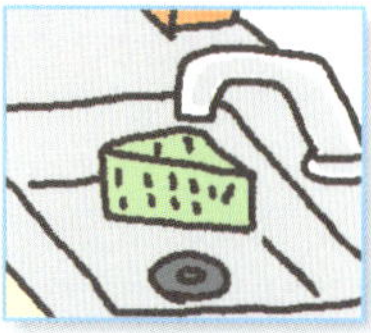

生ゴミの悪臭からは、悪い気が発生します。シンクに三角コーナーを置くなら、生ゴミをため込まないこと。ゴミ箱にこまめに移す習慣をつけましょう。また、キッチンの排水口にも生ゴミがたまりがち。片付けの最後に、必ずチェックを。

豆知識

財布や時計をコンロ近くに置くと金運を失う

「火」の気を持つコンロの近くに、財布や時計などの「金」の気を持つ貴重品を置くのはNG。風水では、「火」が「金」を溶かしてしまうと考え、金運がダウン。貴重品は別の部屋に置き場所を決めておくか、置く必要がある場合は、キッチンの引き出しにしまうようにしましょう。

ここまでをおさらい！
理想の部屋
はこれ！

トイレ

開運のマークが主なポイントじゃ！
開運 照明が明るい
開運 こまめに換気している
開運 掃除グッズが目隠しされている → 39 ページ
開運 盛り塩を置いている
開運 タオルがいつも清潔 → 38 ページ
開運 消臭アイテムを置いている
開運 便器がきれい → 37 ページ
開運 床に余計なものが置かれていない → 36 ページ
開運 清潔なマットと専用スリッパ → 36 ページ，66 ページ

こもりがちな悪臭や悪い気を浄化して

悪臭などが原因で悪い気がたまりやすいトイレは、とくに理想の状態をキープしておきたい場所。トイレは健康運に関係するので、体調がすぐれないときはトイレを見直してみましょう。

まずは、**臭い対策を徹底的に**。窓を開けるか、換気扇を回すなど、こまめな換気を行って、悪い気をこもらせないようにしましょう。芳香剤や香りのよい花を置くのも◎。使用後はふたを必ず閉じて、臭いの元をカットして。

マットやカバーなどの色は、清潔感のある明るいものに。暗い色はマイナスパワーをアップさせてしまいます。またデザインは統一感を持たせると、気の乱れを防げます。

長時間トイレにあると悪い気がついてしまうので、**余計な装飾は控えて**。大切なものこそ、飾ったり持ち込んだりしないようにしましょう。

もっと知りたい 開運 マークのポイント解説

照明が明るい

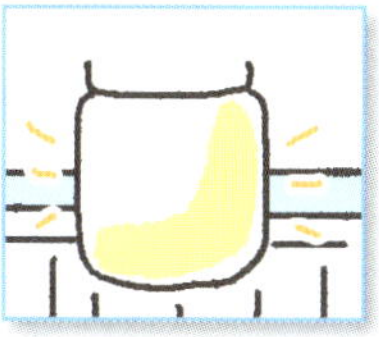

悪い気が発生しやすいトイレは、照明を明るくすることでよい気を補うことができます。照明が暗いと、せっかく掃除をしても汚れを見落としてしまうことにもなりかねません。窓がない場合は、とくに照明に気を配りましょう。

盛り塩を置いている

トイレに流れる悪い気を浄化するためには、ぜひ盛り塩を置いて。邪魔にならないよう、床の奥の隅に置きましょう。できれば対で置くのが理想ですが、スペース的に無理なら、ひとつでもOKです。
→詳しくは50ページへ

消臭アイテムを置いている

香りを漂わせる芳香剤や花もよいですが、消臭アイテムも◎。気の浄化をしてくれる空気清浄機や消臭スプレーがおすすめです。炭を置いてもOK。観葉植物の鉢に炭を入れておけば、植物も炭と一緒に気の浄化をしてくれます。

こまめに換気している

トイレは何よりも換気が重要。新鮮な空気を取り込めるように、窓があるのが理想です。窓がない場合は、換気扇をこまめに回しましょう。またトイレの悪い気が家に流れ出ないよう、使用後はドアをきちんと閉めましょう。

豆知識

トイレットペーパーの買いだめぐせは空気をよめない人に

トイレットペーパーを欲張って買いだめするのは、自己中心的な考え方。自分さえよければ、ほかの人が困ってもいいという気持ちの表れです。買いだめが習慣になってしまうと、そんな考えが慢性化して、まわりの空気をよめない人になってしまうことに。節度をわきまえて行動しましょう。

ここまでをおさらい！

理想の部屋

はこれ！

開運のマークが
主なポイントじゃ！

洗面所

開運
磨かれている鏡
→ 40 ページ
開運
古いスキンケア
用品などがない
→ 41 ページ
開運
洗面台が
いつも清潔
→ 40 ページ
開運
清潔なバスマット
→ 41 ページ，63 ページ

きれいな鏡が美しさに比例する

洗顔や歯磨きなど、毎日ちょっとしたことで使用頻度の多い洗面所。汚れを落とす場所なので、悪い気がたまりやすい一方で、長時間滞在することが少ないので掃除も見落としがち。

　洗面所でもっとも重要なのは、顔を映す洗面所の鏡。汚れていると美容運がダウンするので、**鏡はいつもピカピカな状態にしておきましょう**。

　洗面台は、**使い終わったらさっと拭くこと**を習慣にして。水滴が残っていると、マイナスパワーが発生してしまいます。

　また、洗面所の収納は、お風呂上がりに使うスキンケア用品などで乱雑になりがち。液だれなどはもってのほかです。きちんと整理をして、清潔な状態に保ちましょう。

　洗濯もののためすぎもNG。かごがいっぱいになる前に洗いましょう。

ここまでをおさらい！
理想の部屋はこれ！

お風呂

開運のマークが
主なポイントじゃ！
風

開運 磨かれている鏡
→ 42 ページ
開運 浴槽や壁がきれい
→ 42 ページ
開運 ボトルがラックに
収納されている
→ 44 ページ
開運 排水口が
詰まっていない
→ 44 ページ
開運 清潔で明るい色
のお風呂グッズ
→ 68 ページ

厄落としの後は換気と排水口のチェックを

お風呂は体についた厄を落とすための場所。大量の水を使うため、湯気や湿気でカビが発生しやすく、清潔な状態にしていないと、悪い気がどんどん発生してしまいます。そんな環境では、厄を落とし切ることができません。

使用後は窓を開けるか、換気扇を長めに回すなどで、**換気をしっかり行いましょう**。空気を浄化してくれる観葉植物を置くのもおすすめです。

そして、お風呂のなかでもとくに大切な場所が、**排水口**。ここに髪の毛などがたまっていると、気の流れが滞ってしまいます。毎日のチェックを習慣にすれば、掃除の手間も省けます。

お風呂は**明るい気持ちになれるインテリアを選ぶと吉**。入浴剤やせっけんにも好きな香りを取り入れて、楽しい入浴時間を過ごしましょう。

ここまでをおさらい！
理想の部屋はこれ！

階段&廊下

開運のマークが主なポイントじゃ！

開運 観葉植物を置いている →81ページ
開運 余計なものが置かれていない →46ページ
開運 写真や絵を飾っている →76ページ
開運 ホコリがたまっていない →47ページ
開運 照明が明るい →46ページ

気が通りやすいようすっきりした状態に

階段や廊下は、玄関から入ってきたすべての気の通り道なので、**余計なものがなく、ホコリやゴミのない清潔な状態が理想**です。

ただ、すっきりとはいえ、壁に彩りがなく、殺風景すぎるのはよくありません。壁に、運気を上げる絵や写真を飾って、通り抜けていく気にプラスのエネルギーを与えましょう。

明るい照明は必須。とくに階段の足元照明や吹き抜けの照明は、場所などの関係から、切れてしまうとつけ替えるのが面倒になりがち。切れたままにせず、すぐに新しいものに取り替えるようにしましょう。

階段の踊り場や廊下の隅など、**気が滞りがちなスペースには、観葉植物を置くのがおすすめ**です。気の循環をよくし、悪い気がたまるのを避けることができます。

3章

開運行動を習慣にしましょう

TPOに合った行動を

風水では、**シチュエーションに合った行動をすることが大切**。たとえば職場ではビジネスにふさわしい格好をし、ていねいな立ち振るまいや言葉遣いをすることで、仕事運がアップします。一方、家でゆっくりする日は、リラックスした服装のほうが、しっかりと体を休められます。

また、プライベートでは思いっきり楽しみ、職場では仕事に全力を注ぐというような、**オンとオフにメリハリのある過ごし方をすると、気の流れがよくなり、運気がアップ**します。時間のケジメをつけることで、オンとオフのどちらの時間も充実するでしょう。

時間帯に適した行動も、TPOに合った行動のひとつ。たとえば、寝るときに着るパジャマのままで一日中過ごすことは、時間にそぐわない行動です。夜から朝への切り替えができず、気が活性化しないとされています。**夜には夜に、朝には朝に向く行動があります**。次のページで紹介する、時間帯が持つパワーを利用するのも運気アップのコツです。

よい行動を習慣づけることが大事

開運行動は、**習慣にしてこそ効果があるもの**。掃除をしたりインテリアを工夫したりすることで、まわりの環境を変えるのではなく、自分自身の日頃の意識を変えなくてはなりません。

とはいえ、毎日の習慣を改善するのは難しいこと。**すぐにすべてを行おうとせず、少しずつでも意識を変えていくことから始めていけばよい**のです。改善しようという意識を持つことで、すでにあなたの運気は動き出しています。無理はせず、できることからでOK。開運行動が習慣化してきたころ、あなたもきっと幸運体質になっていることでしょう。

開運行動の基本

1 時間にふさわしい行動をしよう

一日のなかでも、その時間帯によって流れる気が変わります。その時間のよい気を取り込むためには、その時にふさわしい行動をすることが大切です。

2 相手を不快にさせない行動をしよう

相手を不快にさせないことが開運行動の基本。当たり前のようですが、無意識にできていないことが多いもの。いつも思いやりのある行動を心がけて。

3 マンネリ化はNG。毎日変化をつけよう

ファッションやメイクなどがいつも同じだと、運気の停滞を招きます。毎日少しでも変化をつけることで、気が巡り、運気が上がりやすくなります。

時間帯の持つパワーを利用しよう

時間には、それぞれの時間帯のパワーがあります。
そのときに合った行動で、パワーをしっかり取り込みましょう。

仕
効果的に使って運気アップ！

深夜 (夜中〜翌朝)

外は陰の気が満ちる時間帯。外出はもちろんのこと、活動は控えて。しっかりと睡眠をとり、活力をチャージしましょう。翌日の運気も上がりやすくなります。遅くまでテレビを見ているなどの夜更かしはNGです。

朝 (日の出〜正午)

太陽が上昇する朝は、発展する活動的な気にあふれています。頭がすっきりとさえるので、午後に向けての準備をする時間にあてるとGood。午前中にしっかりと準備することで、午後の行動もうまくいくでしょう。

➡ 102ページ、106ページへ

6
陰の気が高まる
活動エネルギーが高まる
24
12
感情が盛り上がる
コミュニケーション力が高まる
18

夜 (日の入り〜夜中)

夜は感情が高まる時間帯。仲よくなりたい友達や恋人と過ごすと、より親密なコミュニケーションがとれ、相手とのよい関係が築けます。また、一日の終わりにあたる時間なので、体を休め、リラックスして過ごしましょう。

➡ 104ページ、109ページへ

昼 (正午〜日の入り)

太陽が高い位置にくる昼は、太陽のよい気がもっとも高まる時間帯。コミュニケーションに向く時間帯なので、人と会うのに最適。会話が弾みます。会議ではアイデアも浮かびやすく、企画を立てるのにも◎。

➡ 108ページへ

家でやりたい

朝の習慣

朝は活力がみなぎる
太陽のよい気が
いっぱい！

窓とカーテンを開ける

朝起きたら、まず窓とカーテンを開けて空気を入れ替えて。夜の間に室内にこもった悪い気を追い出し、太陽のよい気を取り込むことができます。5分でもよいので毎日行いましょう。

起きたらすぐに洗顔をする

朝の洗顔は、寝ている間に出た汗や汚れを落とすだけでなく、厄を落とす行動でもあるので、必ず行って。前日の厄を落とすことによって、前向きな気持ちになれます。

着替える前に一杯の水を飲む

着替える前に、水をコップに一杯飲んで、体を清めましょう。体に残っている悪い気を流して、気の流れをよくし、とくに健康運や人間関係運がアップします。

植物の水やりや手入れをする

発展の気が強い朝は、生命に強いエネルギーをもたらします。植物の水やりや水替えをすると、植物が活気づき、家の運気もアップ。枯れ葉を取り除くなどの手入れも忘れずに。

「おはよう」と声に出していう

言葉には言霊《ことだま》が宿っています。とくに朝の言葉には強い言霊があり、発するとよい気を与えます。相手がいなくても、「おはよう」と声に出すことでよい気が浸透します。

メイクを終えたら笑顔でチェック

メイクがすんだら、鏡の前でにっこりと笑顔をつくってみましょう。笑った表情が記憶されて、笑顔で一日を過ごせるようになり、よい気が呼び込まれます。とくに人間関係運がアップ。

しっかり朝食をとる

食べものはその人の運を作ります。とくに朝食は、その日最初のエネルギーを取り込む、大切な役割を担うもの。どんなに忙しくても、朝食はしっかりとりましょう。

家でやりたい
夜の習慣
夜はいやしの行動で
しっかりと
厄を落とすんじゃ
風

家でやりたい 夜の習慣

ふぁ〜

風

寝る前に窓を閉める

風水では、夜の外気は悪い気を含むと考えられています。夜になると、外は陰の気でいっぱい。窓だけでなくカーテンも閉めて、室内に悪い気が入らないよう、しっかりシャットアウトして。

健

リラックスして過ごす

夜は体を休めて、明日へのパワーをチャージする時間帯。行動的になるよりリラックスして過ごすと、夜にふさわしい気の流れになり、パワーのチャージもうまくいきます。

風

帰宅したら部屋着に着替える

日中着ていた服には外のさまざまな気がついています。帰宅後も着ていては、気もリセットできません。夜、家で過ごすときには部屋着に着替えて過ごしましょう。

COLUMN

人の心を操れる?!

風水的心理テクニック

時間のパワーは
こんなときにも
使えるよ

時間帯の持つパワーは、円満な人間関係を築きたいときや、恋愛を成就させたいときにも活用できます。相手のハートをつかめる絶好のタイミングを利用してハッピーな関係を手に入れましょう！

1 けんかの仲直りをするなら午前中に

ごめんなさい
もう気にしないで

仲直りの言葉を伝えるなら、冷静にものごとを考えられる午前中が吉。夜は感情的になってつい意地を張ってしまいがちですが、朝なら素直な気持ちで謝れます。相手も冷静になっているので、仲直りもすんなり。なるべくなら、けんかの後はあまり間をおかず、翌日の朝には謝るようにしましょう。

2 デートの誘いは感情が盛り上がる夜に

よしっ
OK

夜は、情緒的になる時間帯。深い話やロマンチックな話で、相手の心をゆさぶりたいときは、夜に行うのが効果的。ふたりの距離が縮まる可能性も期待できます。昼間には恥ずかしくていえない愛の告白や、気になる人へのデートの誘いも、夜のパワーが後押しして、成功に導いてくれるかも。仲を深める、深い話をするのも◎。

銀行やATMに行く

よい気が満ちている午前中は、お金の流れもよい状態。振り込みなどで銀行やATMへ行くのは午前中に。お金の流れがよくなって無駄遣いも削減し、貯蓄力がアップ。

外でやりたい

朝の習慣

早起きをして
幸せをつかみに
出かけよう

美術館で芸術を鑑賞をする

美術館は、多くの人に愛される芸術作品のパワーと、美しいものを見たい人が集まることで、よい気が満ちています。午前中にそのよい気に触れると、一日の運気もアップ。

運動する

午前中に運動すると、やる気が起きて一日の行動力がアップ。ジョギングやウォーキングなどによって深い呼吸をすることで、朝のエネルギーを効率よくチャージできます。

図書館で勉強や読書をする

図書館で勉強や読書をするなら、発展の気に満ちている午前中がおすすめ。ポジティブな気持ちで頑張れるので、成果も上がり、スキルアップにつながります。

神社やお寺にお参りに行く

お寺や鎮守《ちんじゅ》の杜《もり》など、パワーの強いところこそ、午前中に行くのがおすすめ。気の循環がよくなって、活動的になります。お参りをすれば、さらに運気が上昇します。

自然の多い公園で散歩をする

公園は、たくさんの植物が発するよい気をいっぱい取り込める場所。午前中なら太陽のよい気も吸収できます。午前中の公園を散歩して、フレッシュなパワーをチャージしましょう。

美容院やエステに行く

午前中は厄がほとんどついていないクリーンな状態。そのため美容効果が出やすく、美容院やエステなどに行くのはおすすめ。魅力を引き出すヘアスタイルにしてもらえるかも。

外でやりたい

昼の習慣

友達と会うなど
楽しく過ごそう！

しっかりとランチをとる

忙しくても仕事の合間のランチは欠かさずに。午前中との切り替えをしっかりして、午後からの活力をチャージしましょう。休みの日なら、友達と集まってランチに出かけるのもおすすめ。

オープンカフェでお茶をする

午後は、コミュニケーションの力をもった気が流れる時間帯。風通しがよいオープンカフェで過ごすと、午後の気を存分に受けられ、人間関係運がアップします。

ショッピングを楽しむ

午後はセンスや判断力がさえる時間帯。ショッピングに出かけると、上手な買いものができます。ただ、金額がはる大きな買いものは、冷静に考えられる午前中のほうが◎。

外でやりたい
夜の習慣
素直な気持ちに
なれる場所で
心を休めて
恋

恋

好きな人とデートをする

夜はもっとも感情が盛り上がる時間帯。デートは夜がおすすめです。ロマンチックに過ごせて、ふたりがとても親密に。普段は口にできない素直な気持ちも伝えられるかも。

仕

会社帰りに気分転換をする

仕事で嫌なことがあったときは、会社帰りに寄り道を。気分転換できる環境へ自ら移動してみることも大切です。初めてのお店なら、新しい発見もあるかも。本屋やデパートでもOK。

健

映画館で映画を観る

情緒が豊かになる夜に映画を観ると、感動もひとしお。映画館に出かけて、映画の世界に浸ることで有意義な時間が過ごせます。思いっきり泣くことはストレス解消にも◎。

いつもの習慣を見直して！

幸せ体質になる開運習慣

普段なにげなくしている行動は、OK？　NG？
習慣を見直して、運気アップにつなげましょう。

くせ

自分でも気づかないくせが、運気を下げることも。何気ないしぐさを見直してみましょう。

これは× 無意識に髪をいじる

相手を不快にさせてしまう

髪の毛をいじるくせは、相手に不潔な印象を与え、その場に悪い気を発してしまいます。同じように、話しながら鼻や目を触るのも、相手に不快感を与え、マイナスパワーのもとに。

　どうしても髪の毛をいじってしまうようなら、髪をアップにするなど、ヘアスタイルを工夫してみて。

これは× 腕や足を組む

相手を寄せつけず嫌な気持ちにさせる

腕を組むことは、相手を拒絶する気持ちを表す行動。気づかないうちに悪い気を発し、人を寄せつけず孤立することになってしまいます。

　また、足を組むと姿勢が悪くなり、まわりの人への印象がダウン。

　無意識に腕や足を組んでしまうなら、やめるように心がけましょう。

これは○ ひとりでいるときも「行ってきます」をいう

挨拶のよい気を自分自身に循環させる

言葉には、それぞれが発する気があります。出かけるときの挨拶、「行ってきます」は、これから向かっていくという前向きな気を発します。

　ひとりでいるときもハキハキした明るい声で「行ってきます」をいえば、前向きな気が自分に戻ってきて、パワーがアップ。

食事

食事をぞんざいに扱うことは、運気ダウンを招きます。
正しいマナーで、食べものからのパワーをいただきましょう。

わははは
ワハハハッ
ドレ
みそ
あらダメよ！ソファーの上で食事なんて！しかも容器もそのままじゃない！それくらいお皿に移し替えなさい！
家
?
ごちそーさま
ガサガサ
だってめんどくさいんだもーん
みそ
わははは
だらしないわねーこれじゃいつまでも結婚できないわ
家

これは✕

市販の容器から移し替えない

まわりからの信頼度が下がる

テイクアウト用の食べものや市販の惣菜を、買ったときのままの容器で食べることは、食事をいい加減に考えている証拠。食べものからのエネルギーを受け取りにくくなってしまいます。さらに、ズボラさが周囲にも伝わり、人からの信頼度もダウン。また、プラスチックなどの容器では、見た目にも安っぽく、金運も失いがちに。

買ってきた惣菜は、必ずお皿に移し替えましょう。「手をかける」という行為が家庭的なイメージにつながり、家庭運や愛情運がアップします。

これは×

食事中にグチをいう

悪い気が体に入ってしまう

グチは悪い気そのもの。グチをいいながら食事をすると、食べものと一緒にグチの悪い気も体に入ってしまい、自分自身のあらゆることに悪影響が出ます。

食事中は楽しい会話を心がけて、体によい気を取り込みましょう。

これは×

ながら食べをする

食べものから得るパワーが半減する

食事中に新聞を読んだりテレビを見たりしていては食事の気が乱れて、食事から得るパワーが半減してしまいます。

ニュースや天気予報などの情報を得るためなら絶対にダメというわけではありませんが、食事以外のことに、あまり気をとられない程度にして。

これは○

「いただきます」をいう

まわりに好かれるようになる

ひとりの食事のときでも、「いただきます」と「ごちそうさま」をいいましょう。言葉にすることによって食べものに感謝する気持ちが形になってよい気が生まれ、人に好かれる体質に。

挨拶はひとり言ではありません。積極的にいいましょう。

これは×

ソファーやベッドで食事をする

運気が不安定になる

ソファーはゆっくりとくつろぐ場所。またベッドは寝て気をチャージする場所です。どちらも食事に適さないので、ここで食事をすると気を乱すことになってしまいます。食べかすを落としたままにするなどは、もってのほか。食事は必ずテーブルでとって。

入浴

入浴は、充実した時間であるほど運気がアップ。
寝る前にしっかり厄落としをすれば、快眠にもつながります。

1
いいお風呂だったー さて寝ようっと
え!? 髪濡れたまま寝るの? 明日はデートじゃ…
2
いつもアップにしてるから寝ぐせあってもなんとかなるしー
女の子は髪の毛のケアくらいちゃんとしなくちゃ良縁が逃げちゃうわよ! ほら 乾かして!
ガー
ガー
3
翌朝…
今日はいい感じ! たまにはイメチェンして髪型変えてみようかな
4
なんだか今日はいつもと雰囲気が違うね!
あれ?
えー そう?
やったね♡

これは×

髪を乾かさずに寝る

恋愛運がダウンして良縁が遠のく

風水では、長いものはよい縁を結ぶものと考えられています。髪は長いものの象徴。髪を乾かさずに寝るという行為は、人との縁を大切にしないということに。

洗った髪はドライヤーできちんと乾かしましょう。ていねいに手入れをすれば、よい縁に恵まれて恋愛運がアップ。さらにまわりの人ともよい関係を築けるようになります。

髪の美しい女性は、美意識が高く感じられ、魅力的に映ります。当日のおしゃれだけでなく、毎日のケアを怠らないようにしましょう。

これは〇

好きな香りのせっけんを使う

一日の疲れがとれてリフレッシュ

入浴は一日にたまった厄や疲れをとってくれます。お風呂で使うせっけんやシャンプー類は、好きな香りのものを使って。

香りはよい気をもたらしてくれるので、憂うつな気分もリフレッシュでき、明日への元気が湧いてきます。

これは✕

シャワーだけですませる

厄を落とし切れない

シャワーだけですますのは、時間もかからずとても楽。でも、シャワーだけでは、日中にたまった厄は落とし切れません。

入浴では、必ず湯船に入りましょう。体の血行とともに気の流れもよくなり、厄や疲れもきれいに排出できます。

これは〇

入浴中にテレビや読書を楽しむ

楽しい入浴で悩みごとも解消

体も心もゆっくりリラックスできる入浴中に、テレビや読書を楽しむのはおすすめ。入浴の時間を楽しむことで、しっかりと厄落としができ、嫌なこともその日のうちに解消できます。自分なりの楽しみ方を探してみてもよいでしょう。

これは〇

ボトルを詰め替える

美意識が高まり美容運アップ

シャンプーやリンスを、市販のボトルから上質なボトルに移し替えると美容運がアップ。ピンクやパステルグリーンなど、清潔感のある明るい色がおすすめです。

ボトルを直置《じかお》きすると、ぬめりなどで汚れやすいので、ラックに収納する習慣を。

睡眠

睡眠は、環境がとても重要です。就寝前から眠りの態勢をきちんと整えて、質のよい睡眠をとりましょう。

これは×

枕まわりにぬいぐるみを置く

生気を奪われて活力がダウン

ぬいぐるみや人形など、生きものの形をしたものはエネルギーを吸い取ってしまうといわれています。枕まわりにたくさんのぬいぐるみを置いて寝ていると、寝ている間にエネルギーを吸い取られてしまうことに。

どうしてもぬいぐるみを置きたければ、寝室にはひとつにし、厳選したものをリビングに移しましょう。

頭は寝ているときに気が入るところなので、枕まわりはとくにすっきりさせること。携帯電話や本なども、頭が休まらないので置かないで。

これは✕ 寝る直前まで携帯電話をいじる

パワーがチャージできない

寝る直前に携帯電話でメールチェックなどをするのはNG。睡眠が浅くなり、パワーがチャージできません。

就寝15分前には、携帯電話やパソコンをはじめとする電子機器に触れるのをやめ、眠りにつく環境を整えましょう。

これは✕ ソファーで寝る

体調を崩すうえ安定運を失う

疲れていてうっかりソファーで寝てしまうことは、ありがちですが実はとてもよくないこと。体調を崩してしまうので、寝るときは必ず寝室のベッドかふとんで寝ましょう。

また、寝る場所が定まっていないと、安定運を失い、仕事や家庭にも悪影響が出ます。

これは○ パジャマに着替える

行動力がアップ

寝るときにパジャマに着替えることは、TPOに合った行動なので◎。寝るときと起きているときの気の流れにメリハリがつき、行動力がアップします。

寝ている間の厄を吸ったパジャマを、朝起きて脱ぐことで、厄落としにもなります。

これは✕ 照明やテレビがつけっ放し

気が乱れて疲れがとれない

照明やテレビをつけっ放しで寝ると、それらが持つパワーで体に緊張状態が続き、睡眠が邪魔されてしまいます。朝起きたときにも、疲れがとれないことに。

寝るときはテレビや照明のスイッチを切って、寝室の気が乱れないようにしましょう。

コミュニケーション

コミュニケーションは、人間関係運に直結。無意識にしているくせは、すぐに直して。

これは×

トイレでメールをする

メールの相手との仲が悪くなってしまう

トイレは悪い気がつきやすい場所。携帯電話を持ち込んでメールをすると、メールの相手との関係にマイナスの気が働いて、仲が悪くなってしまいます。メールは、トイレ以外のところでしましょう。

トイレに長居は禁物。用がすんだら、速やかに退室しましょう。

これは×

早口で一方的に話す

相手の信頼を失ってしまう

早口で一方的に話しまくるのは、NG。相手のペースを考えずに話すことは、相手を尊重しないのと同じことにつながり、相手の信頼を得ることができません。

少しゆっくりめに話すと、相手も会話に加わることができ、お互いに気持ちよく対話ができます。

これは○

相手の目を見て話す

相手に誠意が伝わる

「目は口ほどにものをいう」というように、相手の目を見て話すと、気がストレートに届くので、誠意が伝わりやすくなります。

ただ、ずっと見つめ続けると攻撃的だととらえられる場合もあるので、ときどき視線を外して、相手の首元を見るようにするとよいでしょう。

休日

平日の運気のアップダウンは休日の過ごし方次第。
幸運体質になれる休日の過ごし方を紹介します。

これは○ ネイルなど爪のケアをする

自信を持って振るまえるようになる

指の先は、人の目につきやすいうえに、気の出入り口でもある大切なところ。休日には、ネイルサロンに行ったり、自分で爪をケアしたりして、指先をきれいにしましょう。指先がきれいだと、自分に自信が持てます。

ただ、はげかけたネイルは悪い気を発するので、お手入れは欠かさずに。

これは× 一日中ベッドで過ごす

メリハリがなくなりすべての運気がダウン

休日を家で過ごす場合でも、一日中パジャマのままで、食事もテレビを見るのも、すべてベッドの上、というような、だらだらとした過ごし方はNG。朝、昼、夜のメリハリをつけていないと気の流れが乱れ、すべての運気が低迷してしまいます。休日こそ早く起きて、午前中に活動するのが理想です。

これは× ショッピングはネット通販ですませる

人間関係運が低迷

便利だからといって、ネット通販ばかりを利用するのは×。お店に行って店員さんと話をしたり、ディスプレイを見たりすることは、流行というよい気の流れを肌で感じることにつながり、運気がアップ。とくに流行しているものには、人気の運がついていて、話題のお店ほどエネルギーが強いです。

これは○

カラオケを楽しむ

心も体も健やかになる

音楽を楽しむと、体によい気を取り込めます。声を出すことは気の流れをよくするので、カラオケをすると、ストレスと一緒に悪い気を発散でき、健康運がアップ。

心と体が健康になれば、仕事もうまくいき、まわりの人との関係も良好に。

これは×

徹夜で朝まで遊ぶ

平日に必要なパワーがチャージできない

休日は、リフレッシュとエネルギーの充電を行う日。徹夜で朝まで遊ぶなど、くたくたになるまで活動するのでは、かえってパワー減に。

いくら楽しくても、遊びはほどほどにして、夜はゆっくり過ごすこと。翌日はよい気の流れる朝を迎えましょう。

これは○

スポーツをする、スポーツ観戦に行く

勝負運をつけてギャンブル運アップ

休日に、勝敗を競うようなスポーツをしたり、スポーツ観戦をしたりするのは◎。気持ちが上向きになり、体に活力の気があふれます。

また、スポーツの世界にひたることで勝負運がつき、ギャンブルを勝ちとる運気のアップにもつながります。

これは○

手をかけた料理を振るまう

女性らしさがアップ

手料理を振るまうことは、家庭的な女性を連想させ、結婚運、家庭運アップに。時間がたっぷりある休日は、いつもより時間をかけ、腕によりをかけて作りましょう。カップルの人なら、彼に結婚を意識させられるかも。仲を深めるなら大皿料理がおすすめ。

これは○

マッサージを受けに行く

運気の停滞を防いでパワーをチャージ

触覚を刺激するマッサージは、気の巡りをよくするのに効果大。休日には、マッサージを受けに出かけてみて。日々の疲れでかたまった体がほぐれて、気の流れがよくなります。

気の流れがよくなると、あらゆる運気がアップ。翌日に向けてリフレッシュできて、パワーも充電されます。

運気別 開運マッサージ

ほしい運気をもたらすマッサージで、ピンポイントに運気をアップ！

人間関係運

筋肉マッサージ

人間関係をよくしたいなら、筋肉のこりをほぐすマッサージを。肩や背中をもみほぐすだけでOK。体の緊張をほぐすことで、人間関係のストレスをやわらげることができます。

金運

アロママッサージ

アロマを使ったちょっとリッチなマッサージには、金運アップの効果があります。ゆったりとしたリズムの音楽を流しながら行うと、よりぜいたくな気分を味わえて◎。

家庭運

お灸・はり

体内のバランスを整える作用があるお灸やはりは、調整や回復のパワーをもたらします。夫婦の愛情が不安定なときなど、家庭の運気が下がっているときは、お灸やはりで回復を。

恋愛運

リンパマッサージ

体を巡るリンパの流れをよくするリンパマッサージは、気の流れもよくします。リンパマッサージで、体内にたまった老廃物と一緒に、恋の悩みごとも流してしまいましょう。

健康運

ヘッドマッサージ

風水では、頭を休ませることが健康維持に大切だといわれています。そのため、健康運アップには、ヘッドマッサージがベスト。つぼを意識しながら頭皮をマッサージしましょう。

仕事運

足つぼマッサージ

足は仕事運に関係が深いので、仕事運をアップさせたいなら、足つぼマッサージを。足の裏は、体への気の出入り口なので、とても効果的です。足の疲れをほぐすように行って。

ほしい運気別

開運フード＆ドリンク

食べるものに、宿っているパワーもさまざま。
大切なのはバランスのよい食事をとることなので、
ほしい運気があれば、その運気に強い食材を多くとるなど、
偏りすぎない範囲で参考にしましょう。

恋愛運

長いものは縁を引き寄せて結ぶという考え方から、**麺類**やうなぎなどの**長い食材**は良縁を招くとされます。小松菜やレタスなどの**葉野菜**は五行の「木」の気（詳しくは5ページ）を持ち、恋愛運に効果が。

グリーンたっぷりのサラダで
魅力をもたらすとされる、貝を使ったボンゴレが◎
うなぎは長いうえに、エネルギーも強いです

金運

スパイスなどの香辛料のきいた**辛い料理**、**高級食材を使った料理**は、金運を引き寄せます。金運の象徴である**鶏肉の料理**や、卵やかぼちゃなどの**黄色い食材**もよいでしょう。

カレーには香辛料がたっぷり！
高級食材フカヒレのスープは、見た目もゴールド
チキンオムレツは、卵×鶏肉のダブル効果！

仕事運

カニやエビなどの**甲殻類**は、殻をやぶることから、才能を引き出します。**苦い食材を使った料理**やケチャップなどの赤い調味料で味つけした**赤い料理**は、脳を活性化します。

ゆでガニの殻をむいて運気アップを！
ゴーヤは苦みのある食材の代表格
赤いチリソース×エビの相乗効果も期待！

人間関係運

香りを感じるものはよい人間関係をもたらすため、ハーブなどを使った**香草料理**が吉。また、**大皿料理**を一緒に食べると、その人との絆が深まります。

女子会なら、
おしゃれにバーニャカウダもおすすめ

鍋料理は
宴会にも最適！

さけの香草焼きは
ハーブのよい香りが、
良縁を呼びます

家庭運

土の中に根を伸ばす**根菜**は五行の「土」の気（詳しくは5ページ）を持ち、家庭運に効果的。米や玄米などの**穀物**や**豆類**は、どんな場所でも育つことから、忍耐力をつけてくれます。

白米よりも玄米の
ほうが、パワーが
強いのでおすすめ

筑前煮なら
根菜類が一度に
たっぷりとれます

けんちん汁に入れる豚肉も、
家庭運をサポート

健康運

酢やマヨネーズなどで調理した**酸味のある料理**や、白菜や豆腐、塩などの**白い食材や調味料**、**乳製品**などは五行の「水」の気（詳しくは5ページ）を持ち、健康運に効果的。魚介類なら青魚が◎。

チーズたっぷりの
ピザがおすすめ

豆腐は
ひややっこにして

酸っぱい料理と
いえばピクルス！

開運ドリンク

飲みものにも、それぞれパワーがあります。
ランチやディナーのドリンクも、
ほしい運気に合わせて選んでみて。

金運

見た目が**黄金色**のドリンクは、お金を連想させ、金運アップ。グラスやカップも上質なものを使って、気分を盛り上げて。

白ワイン
シャンパン
レモンティー

恋愛運

ピンクや**オレンジ色**のジュースやカクテルで、かわいらしさをアピール。恋愛運も味方につきます。とくに**柑橘系**はモテ度もアップ。

ピンクグレープ
フルーツジュース
オレンジジュース
カクテル

仕事運

苦みのあるものには、才能と出世をもたらすパワーが。**茶色**のドリンクは余裕と落ち着きをもたらし、仕事も安定します。

ウイスキー
コーヒー
紅茶
（ストレート）

人間関係運

気泡が上がる**炭酸飲料**は、気の活性をイメージさせ、その場にいる人間関係を活気づけます。乾杯の一杯目は、ぜひビールで！

ジンジャー
エール
ginger
BEER
炭酸
ビール
炭酸水

家庭運

米や麦など、**穀物が原料**となるドリンクが吉。大地のエネルギーがもたらされ、家庭運がつきます。**淡いベージュ**のドリンクも◎。

玄米茶
焼酎
玄米茶
焼酎
日本酒
日本酒

健康運

健康運アップには、**無色透明のもの**や**酸味のあるもの**が吉。朝いちばんに、コップ一杯のミネラルウォーターを飲んで一日をスタートしましょう。

ミネラル
ウォーター
梅酒
梅酒
ミネラル
ウォーター
牛乳
牛乳

開運スイーツ

小腹が減ったときや、食事の後に食べる
おやつにも、それぞれのパワーが。
少しの量でも運気の補充に！

金運

黄金色のものや、**卵を使ったもの**が金運アップに。クリームならカスタードクリームが吉。**フルーツたっぷり**の贅沢なものも◎。

プリン
シュークリーム
フルーツタルト

恋愛運

愛の象徴である**りんごを使ったもの**や、**ピンク**のものは恋愛運を高めます。長いものを巻いてつくる**ロール型**のものは、良縁を招くとされています。

アップルパイ
ピーチゼリー
ロールケーキ

仕事運

小豆を使った和菓子は、日本人らしい勤勉さがアップ。**茶色**のものは安定をもたらします。**チョコレート**には集中力を高める作用が。

おはぎ
モンブラン
チョコレート

人間関係運

丸い形のものは人間関係を円滑にします。手軽なおやつは会話のきっかけにも。**みんなで分けて食べられる**、ホールケーキなども◎。

ドーナツ
キャンディ
パンケーキ

家庭運

米や穀物、根菜が原料のものは、家庭の安定につながります。**スナック菓子**はリラックス効果が高く、家族だんらんの時間におすすめ。

スイートポテト
SNACK
せんべい
スナック菓子

健康運

五行の「水」の気（詳しくは5ページ）を持つ**乳製品**は、健康運をサポート。カルシウムなど栄養価も高く、効果も期待できます。**酸味のあるもの**もよいでしょう。

ヨーグルト
レモンシャーベット
チーズケーキ

ファッションやアイテムで運気アップ

ファッションや持ちものを工夫するだけで、
運気はぐんとアップします。外出のときに役立てましょう。

恋
どこにいても
幸運は引き寄せ
られるのよ

開運アイテム

かさやハンカチなど、何気ない持ちものでも、選び方ひとつで運気アップアイテムに！　お守り代わりに、毎日持ち歩くとよいものもあります。

133 ページへ

開運ファッション＆メイク

外見は、相手の第一印象につながるので、良好な人間関係を築くうえでも大切なこと。また、ファッションやヘアメイクは、TPO に合わせて、適切なものを選ぶことが大切です。

127 ページへ

開運財布

金運アップしたければ、よい財布を選び、よりよい使い方を知りましょう。

134 ページへ

開運アクセサリー

おしゃれを楽しむためのアクセサリーは、基本的にどんなものでも運気をパワーアップしてくれます。身につける部分によっても発揮する効果が違うので、知っておくとよいでしょう。

131 ページへ

開運バッグ

仕事用とプライベート用のバッグは、きちんと使い分けましょう。

136 ページへ

願いごとに合わせた
開運ファッション&メイクで出かけよう

６つの運気別に、おすすめのファッション&ヘアメイクを紹介します。
それぞれの運気アップポイントをおさえて、
上手に取り入れていきましょう。

金運

キラキラメイクと、
質のよいもので、
リッチな雰囲気に！
金

ゴールドのメイク
ゴールドのアイシャドーやパール入りのフェイスパウダーを使って。グロスでラメを足しても。

巻き髪スタイル
ゴージャスな雰囲気になる巻き髪は、金運をからめとるといわれています。

ブランドのセットアップ
上質なものを身につけると、それ相応の品格がついてきます。光沢のあるものならさらに◎。

ヒョウ柄アイテム
動物柄は動物的本能を呼び起こし、金運をつかみとるとされています。ダルメシアン柄などもOK。

豆知識

体に直接触れる下着はこまめに新調を

下着から発せられるパワーは、運気に影響大。古くなってつけ心地が悪くなった下着をいつまでも身につけていると、運気がダウンしてしまうので、下着は服よりもこまめな新調が必要です。
色や素材によってパワーも異なり、ピンクは恋愛運、赤は勝負強さ、シルク地なら金運がつきます。

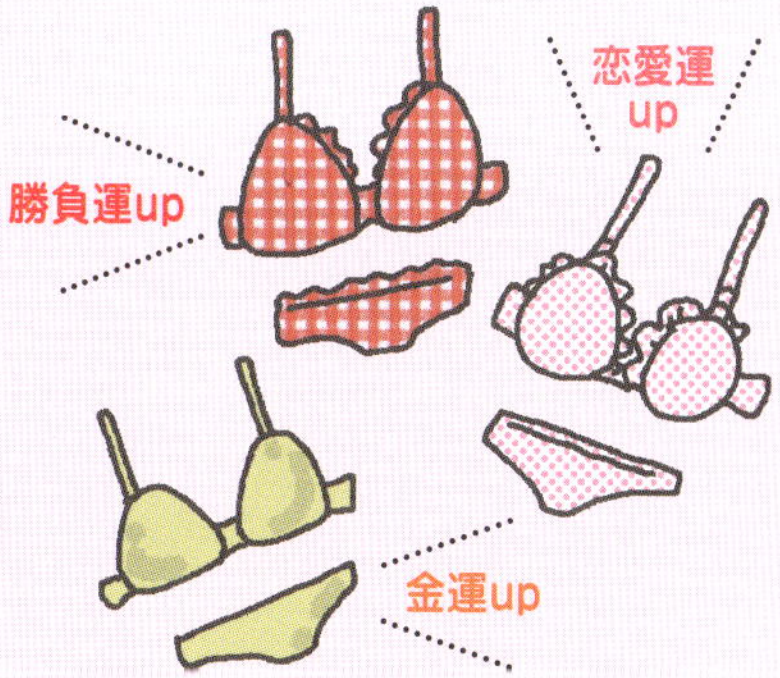
恋愛運up
勝負運up
金運up

恋愛運

女性らしさがポイント。
ふんわりやわらかい
印象に

ゆるふわカール
縁を結ぶロングヘアがよく、エアリーなゆるめのカールが、愛らしさを引き立てます。

ぷるぷるくちびる
愛される女性は、潤いに満ちたくちびるが命。ベージュピンクの口紅の上にグロスを重ねて。

花柄のワンピース
花柄やピンクで女性の運気を高めて。ひらひらフレアスカートなら、セクシー度もアップ。

リボンアイテム
リボンは、縁を引き寄せて結ぶとされています。ヘアアクセサリーに取り入れても。

仕事運

デキル女は
すっきりさわやかな
スタイルで仕事モード

耳出しヘア
耳を出して、少しの情報でもいち早くキャッチ。ロングヘアなら、アップにまとめるか、耳にかけて。ショートヘアも OK。

きりっとしたまゆ頭
まゆは意志を表します。まゆ頭をしっかり描いて、意志の強さを強調して。

茶色いくつ
茶色は安定と忍耐強さをもたらす色。また、仕事用のくつはできれば革製が吉。品格がつきます。

青系のピンストライプ
青や水色は冷静さや誠実さを引き立て、仕事運をつけます。開襟《かいきん》シャツですっきりと。

人間関係運

誰からも好かれる
コーディネートで
好感度アップ！
人

ターコイズのアイシャドー

ターコイズ色は人間関係運をアップさせる色。まゆは、やわらかなアーチ形に。

丸いチーク

丸い形が円満をもたらします。親しみやすい印象になるサーモンピンクがおすすめ。

ひざ丈スカート

きちんとした印象のひざ丈スカートは、万人に好かれます。Aラインで女性らしく。

胸元フリルのブラウス

胸元やデコルテに目がいくファッションは、コミュニケーション力をアップ。

家庭運

家庭運アップには
強さや母性をイメージ
して、安定感を重視
家

パールのファンデーション

つや肌を演出するパール感のあるファンデーションは幸せをイメージさせ、愛情運がアップ。

内巻ストレート

正統派の内巻ストレートが、家庭的な印象に。おでこは出し過ぎず、少し見えるくらいが控えめでGood。

ベージュのチノパン

踏ん張りのきくパンツスタイルはたくましく地に足のついた女性に。また、母性本能も高めます。

ローヒールのくつ

ローヒールのパンプスは安定を、先の丸いくつは家庭の円満をもたらします。

健康運

アクティブで
清潔感のある
スタイルで健康的に
健

ストレートボブ

手入れされた、つや髪がポイント。髪の健康状態を保ちやすいストレートボブがおすすめ。

白いアイライン

白目をはっきりと健康的に見せる、白いアイラインを下まぶたに入れて。少し入れると、若々しい印象になります。

白や淡い緑系のトップス

浄化作用のある白や、デトックス効果のある緑を取り入れて。

クロップドパンツ

動きやすい服装で、アクティブな印象に。健康運を上げるスニーカースタイルにも合わせやすいのでおすすめ。

素材の持つパワー

綿・麻

自然素材が原料の綿や麻には、自然のエネルギーが宿っています。五行の「木」の気（詳しくは5ページ）を持ち、発展や成長を促します。

ニット（毛）

編んで作られるニットは、縁をつなぐとされています。それまでの人間関係がよくなり、さらにその輪が広がることも。

シルク（絹）

高級で光沢のあるシルクは、強い金運を引き寄せます。下着やスカーフなど、どこかひとつだけでも効果あり。

シフォン（ナイロン）

透け感がある薄い生地で、やわらかな肌触りが特徴。ふんわりとしたイメージが、愛情運を高めます。

ストレッチ

伸縮性があり、着心地がよいストレッチ素材は、運気を安定させます。忍耐強さをもたらすので、仕事運や家庭運アップにも。

革

上質な本革は、仕事運や金運をアップ。ただし傷みやすいので、きちんとした保管方法とこまめなケアでよい状態を保ちましょう。

素材にもそれぞれ
パワーがあるんじゃよ。
うまく取り入れれば
開運につながるぞ
風

コーディネートにプラス！

開運アクセサリーを身につけよう

開運アクセサリーのポイントは、何をどこにつけるかです。
効果的な使い方で、ほしい運気を引き寄せましょう。
形や素材にこだわれば、より強いパワーが期待できます。

にせものは
NGよ！
金

金運

純金や天然石のピアス＆イヤリング

耳につけるアクセサリーは、強力な運気アップパワーが。とくに耳たぶは金運を司ります。また、純金や天然石など、本物のジュエリーをつけることで、品格も高まります。小さくても本物にこだわって。

縁を引き
寄せて結ぶわよ
恋
人

恋愛運　人間関係運

ロングネックレス

デコルテはコミュニケーション力を引き寄せるので、デコルテにつけるネックレスがおすすめ。とくに長いものは縁結びにつながるので、ロングネックレスが吉。二重につければ効果もアップ！

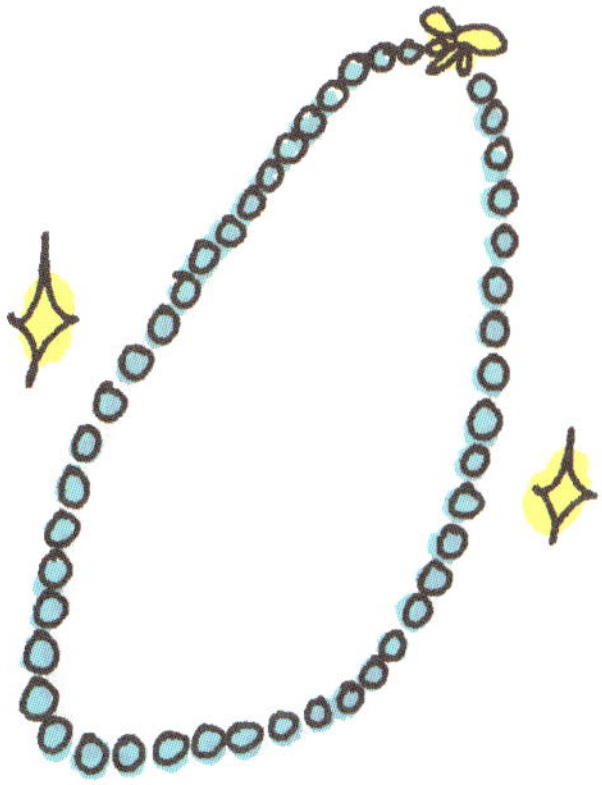

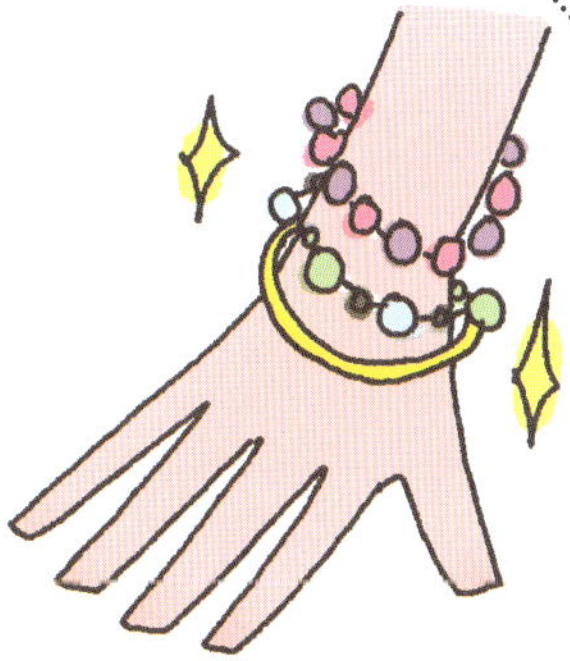

左右で効果が
ちがうぞ
仕

仕事運

パワーストーンのブレスレット

手首は気の出入りが激しく、ここにパワーストーンをつけると、より効果的。石のエネルギーを充電したいときは左手に、石のエネルギーを発揮したいときは右手につけて。ここいちばんの勝負のときに、力を貸してくれます。

何本かそろえて
使い分けましょう
家

家庭運

ベルト

腰まわりにつけるアクセサリーは安定をもたらし、家庭運をアップ。細めのベルトは結婚運、太めのベルトは仕事運にも効果があります。

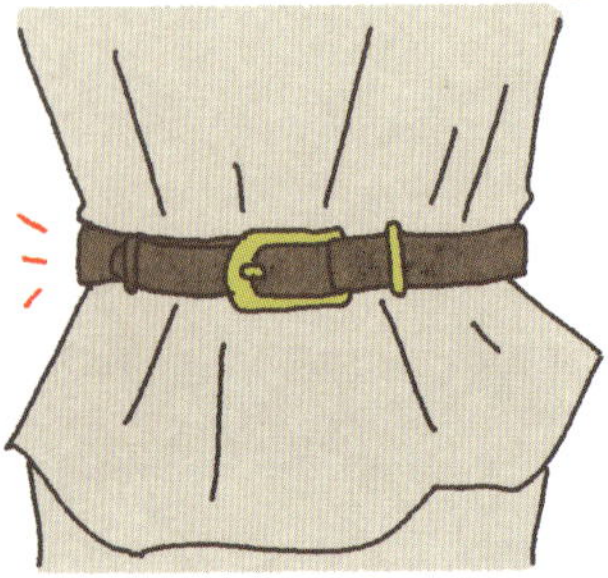

石のパワーを
もらおう！
健

健康運

パワーストーンのアンクレット

足首は大きな気の出入り口なので、厄除けにも効果的。健康運アップには、浄化作用が強いアメジストやクリスタルがおすすめ。

豆 知 識

指輪は
つける指によって
得られるパワーがちがう！

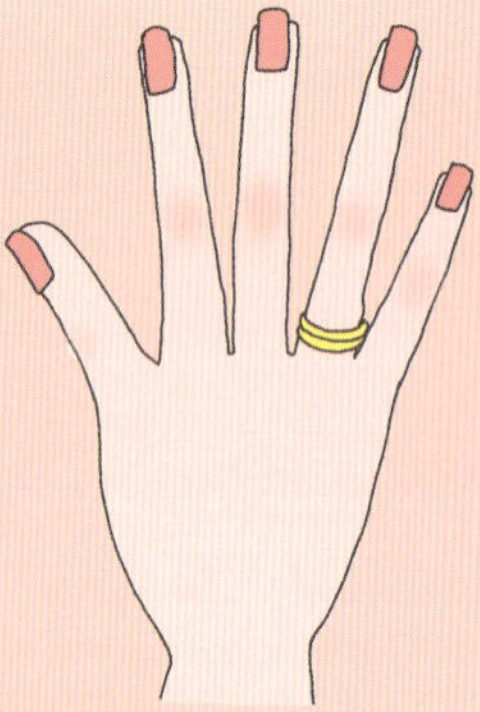

手の指にも「気」の出入り口があり、指輪も運気アップにはおすすめのアクセサリー。5本の指に流れている気の性質は異なり、ほしい運気と関係のある指に指輪をつけると効果的です。運気を呼び込みたいなら左手に、自分からパワーをを発して運気アップしたいなら右手に。目的に合わせて左右をうまく使い分けて、運気アップに役立てましょう。

人差し指

目標達成に導いてくれる気が流れ、仕事運がアップ。ライバルに勝ちたいという気持ちがあるときにも、パワーを与えてくれます。

薬指

「結婚指輪は左手の薬指」というように、愛情や絆を深める気が流れ、恋愛運や結婚運を高めます。片思いの人なら右手にすれば、恋愛成就が期待できます。

中指

才能を伸ばす気が流れているため、仕事運をサポート。また自立心を高めるので、別れた彼を忘れられないときなどにつけると、未練も断ち切れます。

小指

「恋に効くピンキーリング」で知られるように、新しい出会いを引き寄せる気が流れています。また人間関係運アップにも効果があります。

いつでもハッピー！

開運アイテムを持って出かけよう

家に置くだけでなく、外出先でもラッキーアイテムを
持ち歩けば、幸運をつかむチャンスも逃しません。
お守りを持ち歩くには気が引けるという人は、試してみて。

全体

馬蹄《ばてい》グッズ

馬蹄モチーフは開運パワーがとても強く、U字形の開いている部分から、あらゆる運気を集めるとされています。バッグのチャームや、キーホルダーにして持ち歩くとよいでしょう。

恋愛運

上質な花柄のかさ

長いかさは良縁を呼びます。花柄やピンクのかさなら、さらに強力。また、質のよいかさを使うこと。安っぽいビニールがさは自分自身の品格も下げてしまいます。

家庭運

レースのハンカチ

ハンカチを持ち歩くことは、女性として必須。愛情運を高めるレースのハンカチは、家庭的な女性になりたい人におすすめ。ハンカチに香水を染み込ませるのもよいでしょう。

恋愛運

リップクリーム

つやつやのくちびるは、愛される女性の絶対条件。愛情運を高め、セックスアピールにも効果的です。いつでも持ち歩いて、くちびるのケアを習慣づけて。

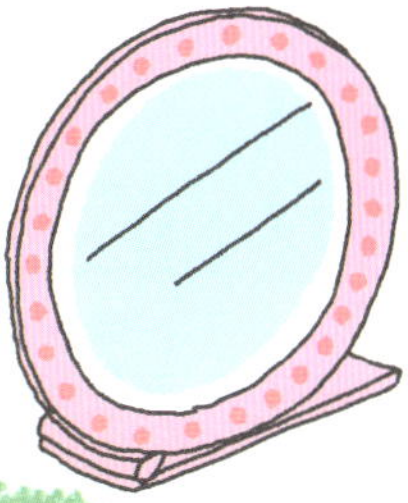

健康運

丸い手鏡

手鏡を持ち歩いていると、いつでも自分の健康状態をチェックできるので、体の不調も早めに対処できます。また、美への意識も高まります。パワーが強いとされる、丸い形がおすすめです。

金運がアップする

開運財布の使い方と選び方

金運がなかなか上がらない！　というあなた、
安っぽい財布を使っていませんか？　雑な扱いをしていませんか？
ここでは、金運が上がる開運財布のポイントをしっかりと解説します。

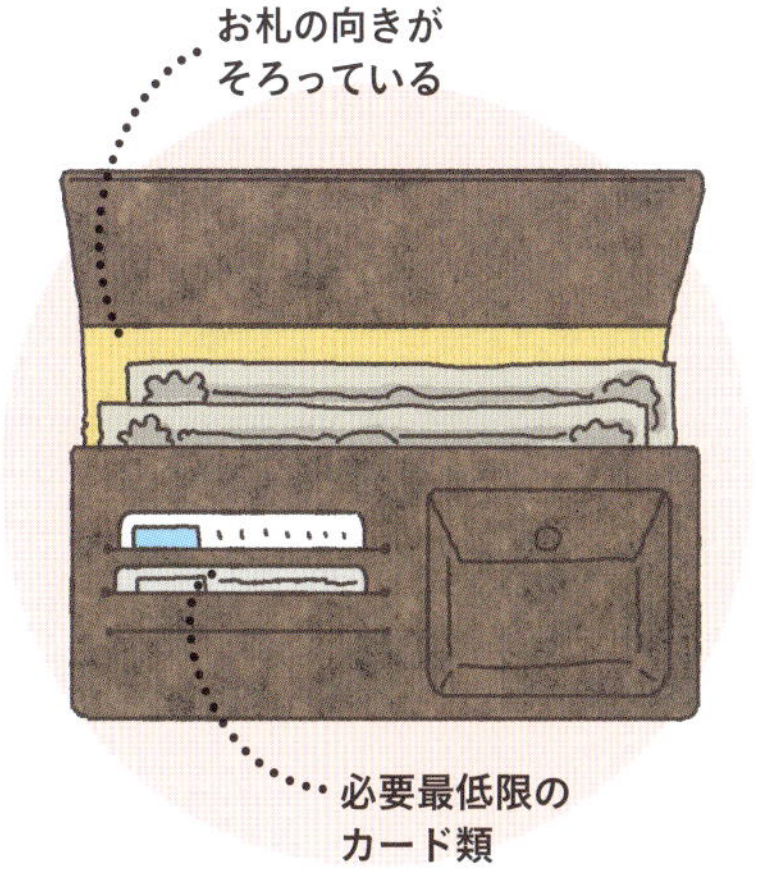
お札の向きがそろっている
必要最低限のカード類

高級な革製の長財布
金運アップに効くゴールドのワンポイント

革製の長財布が吉。色は、ゴールドまたは黄、茶

金運を招きたければ、上質の革財布を。ビニール製などの安っぽい素材は、それに見合ったお金しか入ってきません。財布は肌身離さず使うもの。ちょっと頑張ってでも、高級なものを。

形はお札を折らずに入れられる長財布に。二つ折りや三つ折り財布は、お札にとって居心地のよくない環境となるので、金運がダウン。最強の色はゴールド。そのほかには黄色や茶色も吉です。

財布の中はすっきりと整理して

金

お札は金額ごとに、向きをそろえて入れること。上向き下向きはどちらでもかまいません。きっちりと見やすい状態であることが肝心です。

財布にも余裕がなければ新しいお金は入ってきません。たまっているレシートなどは、こまめに整理を。

カード類も最小限に。クーポン券やポイントカードなど、使わないままいつのまにか期限切れのものが入っていることもあるので注意しましょう。

帰宅したらバッグから出して休ませる

金

財布には、常に大切に扱う気持ちを持つこと。帰宅後もバッグに入れっ放しではダメ。保管する定位置を決めて、休ませてあげましょう。ただし、「火」の気が強いキッチンだけはNG。

買い替えは春または誕生日に

財布の買い替えは3年を目安に。

買いどきはお札が「張る」財布といわれる春か、または自分への誕生日プレゼントにすると、福がやってきます。

恋愛運や仕事運がアップする

開運バッグの選び方

バッグはコーディネートの最終仕上げ。
よいものを持てば、運気アップの強い味方に。
ここでは、プライベート用と仕事用バッグの選び方をそれぞれ紹介します。

プライベート用

家庭運アップなら
ハンドバッグ
花モチーフの
飾りも◎

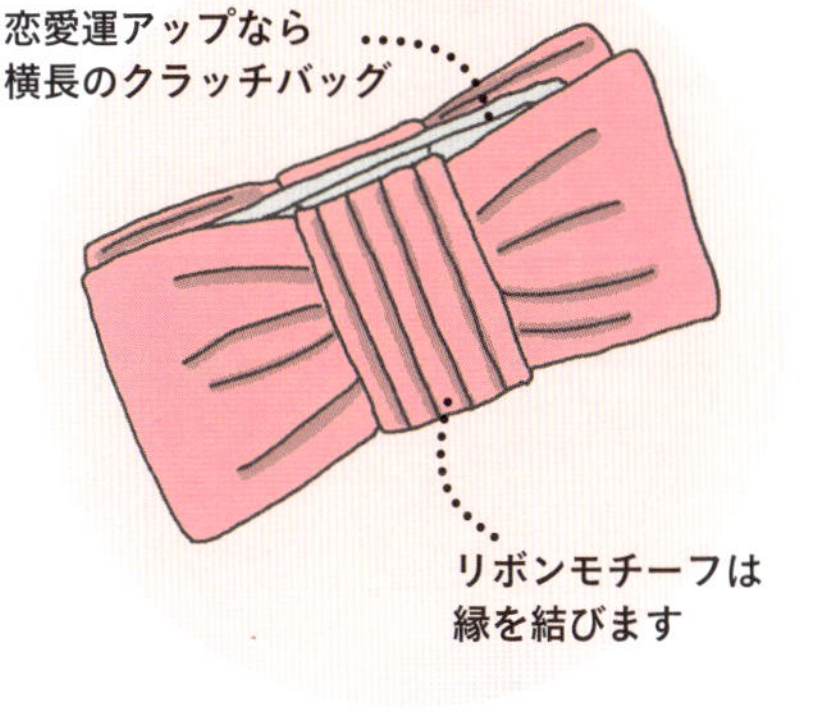
恋愛運アップなら
横長のクラッチバッグ
リボンモチーフは
縁を結びます

小ぶりのバッグで女性らしい印象に

恋

プライベート用のバッグは、女性らしさをイメージさせる小ぶりなものを使うと、好感度がアップ。

恋愛運なら細長いクラッチバッグ、家庭運ならハンドバッグ、金運ならキラッと光る素材がおすすめ。ほしい運気に合わせてバッグを選ぶとよいでしょう。

仕事のある日はバッグインバッグを

恋

プライベートと仕事のバッグは、別にすること。仕事は仕事、遊びは遊びと、TPOに合わせたコーディネートをすることが運気を招く基本です。

仕事の後にプライベートの予定がある場合は、仕事用バッグの中に小さめのかわいいバッグを用意しておくとよいでしょう。

小さいからこそ中身は厳選して

風

バッグの中身は、サイズに合わせて、適切な量を。バッグがパンパンでゆとりのない状態では、よい気が入ってきません。

パーティーバッグは金庫代わりにしても

金

ラインストーンやビーズのついた華やかなパーティーバッグは、運気を招くアイテム。せっかく買っても使う機会がないままにしまっておくと、運気アップ効果を失ってしまうことに。

そんなときは、金庫代わりにパーティーバッグを活用してもOK。金運はキラキラしたものを好みます。通帳や貴重品の保管場所にしてもよいでしょう。見た目にもおしゃれで、お金への意識も高まります。

仕事用

仕事以外のものが入っていない
ふたがついている
ポーチに分けて中身を整理している
高級な革製で黒か茶色

高級素材の黒か茶。ワンポイントに赤も

仕

バッグも財布と同様、高級素材がおすすめ。質のよいものを使うと、それ相当の品格がついてきます。

革製の部分は一部でもかまいません。色は黒か茶色がよいでしょう。ワンポイントに赤が入っていると、勝負強さや才能を発揮する力もつきます。

機能性の高いものが吉

仕

仕事用バッグは書類などを入れるため、中が乱雑になりがち。整理がしやすいように、しきりがしっかりしている、ポケットが多いなど、機能的なものを選びましょう。仕事用バッグの中が整理できている人は、頭の回転が速くなり、仕事もスムーズにこなせるようになります。

ポケットだけでは整理しきれない場合は、ポーチなどを利用して中身がバラバラにならないようにまとめると◎。サイズは書類が曲がらない大きさのものがよいでしょう。ただし、ものが入るからといって、仕事用バッグに余計なものまで詰め込むのはNG。仕事に必要なものだけを入れて、プライベートとはきっちり区別を。

運気を逃がさないふたつきに

金

バッグの形はどんなものでもOKですが、重要なのは、ふたつきであること。バッグの口が大きく開いていると、運気が外へ出てしまい、とくに金運が漏れやすいとされています。

また、傷がついたり、持ち手が外れてしまったりしたものをそのまま使うのは、運気ダウンに。修理に出すか、新しいバッグに買い替えましょう。

4
章

オフィスで開運しましょう

オフィスの環境を整えて仕事運を上げる

会社勤めの人にとって、オフィスは一日の大半を過ごす場所。オフィスに風水を取り入れることで、仕事運をアップさせましょう。

オフィスの風水も、家と同じように、過ごしやすい環境づくりが大切です。まずは**デスクまわりなどの自分が使う場所をきれいにして、よい気を取り込みましょう**。次の日も朝から気持ちよく仕事を始められるように、退社前にはデスクを片付け、出社したらさっとひと拭きする習慣をつけることから、始めてみて。

オフィスは、常に仕事に集中できるようにしておくことがポイント。**仕事と関係のないグッズをデスクに並べたり、長々と仕事に関係ないおしゃべりをしたりするのはNG**。遊びの気がオフィスに入り込み、仕事運が上がらなくなってしまいます。

人間関係運を上げて仕事がデキる人に

仕事運のアップは、質のよい仕事や仲間に恵まれてこそ。どんなに能力があっても、周囲からよい印象を持たれないと、なかなか力を発揮できなくなってしまいます。

周囲に認められて、仕事がデキる人になるには、**普段からていねいな言葉遣いや明るい挨拶を心がけること**。それだけで運気はぐんとアップし、よい仕事や仲間を呼び寄せられます。

オフィスでできる開運の基本

1 デスクまわりをきれいにする

きれいな環境がよい気の流れをつくるのは、職場も家と同じ。きちんと整理整頓されたデスクなら、気も散らず仕事に集中できます。

2 プライベートと仕事のメリハリをつける

仕事中に遊びの要素を混ぜると、遊びの気が入り込んで仕事の気の妨げに。仕事と遊びのメリハリをつけると仕事の集中力がアップします。

3 質のよいものを使う

持ちものはその人の品格を表します。上質な手帳や筆記具を使えば、自然と自分自身の格も上がり、仕事もレベルアップできます。

仕事がしやすい環境づくり!!

デスクまわりを掃除&整理整頓しよう!

オフィスも家と同じで、掃除と片付けが開運の基本。デスクの上の掃除はもちろん、引き出しの整理整頓も心がけて。書類などは誰がいつ見てもわかるようにしておけば、仕事仲間の信用も得られます。

古い書類と新しい書類を整理する

トラブルを回避

古い書類は新しい書類と分けてファイルしましょう。重要な書類をなくしたり、大事なときに見つからなかったりなどのトラブルを避けられます。ファイルは立ててしまっておくと、整理がしやすいです。

不要な文房具やお菓子を処分する

仕事の効率がアップ

使わない文房具は処分して、新しい運気を取り込む場所をつくりましょう。またデスクの引き出しにお菓子をしまうのは×。不要なものや仕事に無関係のものを処分して仕事に集中することで、作業効率をアップさせましょう。

もらった名刺を整理する

よい仕事や人脈に恵まれる

受け取った名刺は、定期的に整理してファイリングしましょう。誰か思い出せないような人の名刺は、処分してもかまいません。整理するときは、名刺はその人自身、またその人との縁をもたらすものと考えて、大切に扱いましょう。そうすることで、よい仕事仲間や人脈に恵まれるようになります。

パソコンまわりを掃除する

集中力がアップ

パソコンまわりを掃除すると、頭がすっきりし、集中力がアップします。モニターはときどきから拭きでホコリをとり、キーボードはデスクブラシなどでまめに掃除しましょう。

また、モニターまわりに貼ってあるメモや付箋はとりましょう。つい貼ってしまいがちですが、視界に入る情報が多くなり、注意力が散漫になります。

電話機をきれいに拭く

相手とよい関係が築ける

電話は仕事上での大切なコミュニケーションツール。その電話機が汚れていると、電話の相手との間に悪い気が流れてしまい、トラブルになることも。毎朝、軽くひと拭きする習慣をつけましょう。

デスクの下や足元を片付ける

仕事に集中できる

床には人の足が運んできた悪い気がついているので、デスクの下や足元に置いているものは、床の悪い気までも吸収してしまいます。また、足元に不要なものがあると仕事への集中力もダウン。すぐに片付けて。

パソコンの画面やメールを整理する

新しい情報をキャッチ

パソコンの画面がアイコンだらけで見づらいと、仕事の効率がダウン。整理整頓すると、必要なものがひと目でわかり、新しい情報を得やすくなります。また、用済みのメールと必要なメールの混在もNGです。

よい気はゆとりある空間に流れるもの。パソコンの中の情報やデータも、こまめに整理するようにしましょう。

運気アップは
自分次第！

仕事や人間関係をスムーズにする開運行動

仕事の時間にも「開運行動」で、運気を引き寄せましょう。ほんの少し、今までの行動を見直すだけで、仕事や人間関係がスムーズになります。さっそくチャレンジしてみて。

通勤

音楽を聞きながら通勤する

仕事へのやる気がアップ

音楽のリズムは気を活性化するので、音楽を楽しみながら通勤するのはとてもよいこと。

朝には、重々しい曲調よりも軽快で楽しげな曲調のほうが向いています。軽やかな音楽で、ポジティブな気分を盛り上げながら出勤すれば、仕事へのやる気がぐんぐん湧いてくるはず。ただし音漏れはＮＧ。周囲への配慮は忘れないで。

通勤

歩くときには大股でさっそうと

ポジティブな気持ちになる

通勤時には、背筋を伸ばし、顔を上げて歩幅を大きめにしてさっそうと歩くと、朝日が発する発展の気を体にいっぱい取り込めます。太陽の気を存分に受ければ、一日中ポジティブな気持ちに。

自転車通勤も◎。全身で風を受け、よい気を取り込みながら走ることで、今日も頑張ろうという前向きな気持ちになることができます。

事務的な用事や調べものは午前中に

午前中 → **午後の作業効率がアップ**

アイデアを考えたり、クリエイティブな仕事をこなしたりするのに適しているのは午後です。その午後の作業を効率よく行うためには、午前中のうちに事務的な仕事をしたり、調べものをしたりするとよいでしょう。朝の気力で集中力が高まる午前中は、事務仕事などの地道な作業にぴったりです。

退社後に届いたメールに返信

午前中 → **コミュニケーション能力が高まる**

前日の退社後に届いたメールには、午前中のうちに返信して。スピーディーな行動は、運気の活性化につながります。さらに、頭がさえている午前中なら、思っていることを的確に伝えられるので、相手にもよい印象を与えることができます。とくに大事なメールほど、優先して返信するようにしましょう。

始業10分前に席につく

午前中 → **周囲の人に信頼される**

朝からバタバタと慌ただしく出社するのでは気持ちもせわしなくなって、よい気を取り込む余裕がなくなります。通勤にもゆとりを持つことが大切。始業10分前にはデスクについて、落ち着いて仕事を始めたいものです。時間にルーズな人ではないと思われれば、まわりに好印象を与え、信頼も得られます。

午後

午後イチに得意先に営業まわり

よい関係が築ける

仕事運の一日のピークは、太陽がもっとも高く上る正午。とはいえ、ランチタイムに仕事はできないので、大事な仕事は正午前後にするとよいでしょう。人と対する仕事に向くのは午後なので、得意先には午後イチに行くと◎。お昼の太陽の気を受けて会話も弾み、その結果、先方とよい関係を築くことができます。

午後

会議やプレゼンを行う

活発に意見が出し合える

クリエイティブな作業やアイデア勝負の仕事には、午前中よりも午後が向いています。そのため、会議やプレゼンなどは、午後にセッティングするとよいでしょう。活発に意見が出て、有意義に話し合いを進めることができます。コミュニケーション力も高い時間なので、話し合いで、よいアイデアもたくさん生まれるでしょう。

午後

リフレッシュタイムをしっかりとる

頭の切り替えができる

仕事中は仕事に集中し、休み時間にはきちんと休むというけじめをつければ、運気にもメリハリがつき、仕事がうまく進みます。ランチタイムはしっかりとって、気分をリフレッシュさせましょう。ただ、デスクで食事をするなら、仕事を始める前に窓を開けて換気を。仕事以外の気はオフィスに持ち込まないようにして。

習慣

「かしこまりました」を口ぐせにする

スポンサー運がつく

上司との会話で返事をするときには、「わかりました」ではなく、「かしこまりました」というようにしましょう。きちんと上司をたてた返事をすることで、目上の人やスポンサーの信頼を得られるようになります。

習慣

提出する書類にはひと言メモを添える

周囲からの信頼感が増す

上司や同僚などに書類を提出したり回したりするときには、「よろしくお願いします」などのひと言だけでもよいので、メモをつけて。そのひと手間が周囲の人にていねいな印象を与え、信頼感がアップします。

習慣

マグカップを洗って帰る

仕事のミスが減る

飲み残しのものは、時間が経つにつれて悪い気を発するようになります。デスクのカップの飲み残しは、その人の仕事運に悪影響を与え、仕事の失敗が増えることに。帰る前に必ず洗うようにすれば、仕事のミスを減らせます。

習慣

席を離れるときはいすを奥まで入れる

単純なミスが減る

席を離れるときはいすをしまう、使った後は引き出しを最後まで閉める、などの習慣は、周囲にきちんとした印象を与えます。また、細部にも気配りできるようになり、仕事でも小さなミスをおかしにくくなるでしょう。

習慣 きちんとした敬語を遣う

→ 周囲に味方がつく

きちんとした言葉遣いは、相手への敬意を示すので、敬語を適切に遣うと、礼儀やマナーを心得た人という印象を与えるもの。上司から大事な仕事を任せられたり、仲間に助けられたりなど、周囲の人が味方になってくれます。

習慣 すれちがった人に笑顔で挨拶する

→ 運気が活性化する

出勤途中や会社の中で人に会ったときには、笑顔で挨拶を。明るく元気な挨拶は、相手にも自分にもパワーを与えます。声を出すことで自分にやる気を取り込み、相手にもよい気を与え、良好な関係が築けます。

習慣 姿勢を正していすにかける

→ 周囲の人の信頼を得る

正しい姿勢で座ることは、気を安定させます。堂々とした行動や態度から、自然とまわりの人から信頼を得られるでしょう。

両膝を揃えて座ると背筋が伸びて正しい姿勢に。気持ちもシャキッとします。

習慣 カレンダーを毎月忘れずにめくる

→ チャンスを逃さない

気はあらゆるものに流れているもの。カレンダーが前の月のままになっていると、月日に流れる気を止めてしまいます。カレンダーは月が変わったら必ずめくりましょう。ここぞというタイミングやチャンスを逃さない体質に。

持ちものや
仕事道具も
味方にしよう
仕

仕事運をアップする オフィスの開運アイテム

オフィスで使ったり身につけたりするさまざまなアイテムをちょっぴり見直して、よい運気を運んでくれるものに変えてみましょう。仕事運アップの強い味方になってくれるはず。

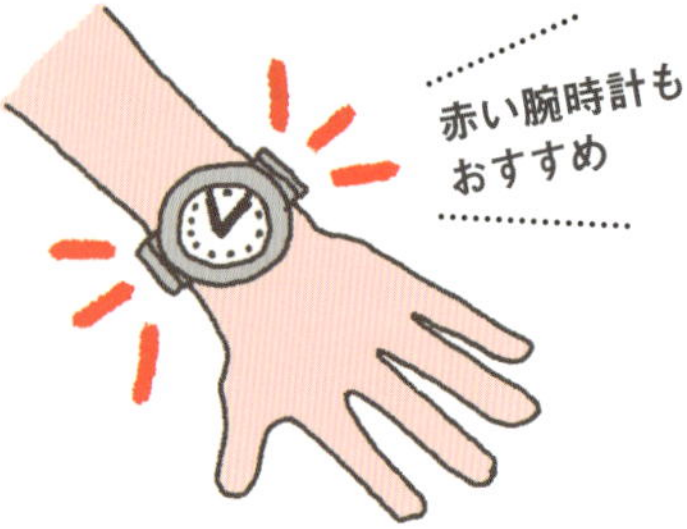
赤い腕時計も
おすすめ

丸い腕時計をつけて人間関係をスムーズに

丸いものには、円満に物事を進める気があります。丸い文字盤の腕時計をつけると、円満な気が満ち、職場での人間関係が和やかに。信頼度も増します。高級な腕時計なら、それに見合う品格がつくようになります。

赤や紫のめがねで勝負運アップ

赤と紫は、実力を発揮して自分をアピールするのを助けてくれる色。ここいちばんのプレゼンなどには、相手に印象づけやすいめがねのフレームの色に取り入れて、勝負強さを引き寄せて。男性ならネクタイの色にしても◎。

めがね以外の
アクセサリー
でもOK

ボロッ
ヨレ

きちんとした社内履きで能力アップ

社内履きは仕事をする場にふさわしいものに。楽であってもきちんとした見た目のものを選んで。安っぽいものだと自分の格を下げてしまいます。オフィスでは質の高いものを使えば、それに合わせて能力も上がっていきます。

上に伸びる
植物がおすすめ

観葉植物をデスクに置いて出世を引き寄せる

発展の気を持つ植物をデスクに置くと、仕事も上向き、出世が望めるでしょう。手入れは朝の発展の気を取り込める午前中に。

大事な契約を
結ぶときに！

上質なペンを使ってレベルアップ

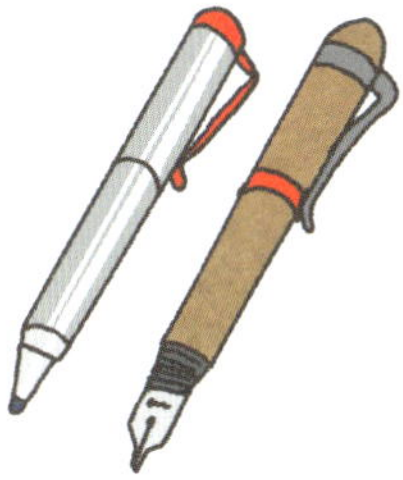

使うものはその人の格を表します。上質なペンを使えば自分の格が上がり、それと同等に仕事もレベルアップ。赤いボディのペンなら勝負運を、シルバーは集中力を高めます。

スケジュール帳
の使い方は
150ページで紹介！

上質なスケジュール帳で仕事の格を上げる

筆記用具と同様に、スケジュール帳も上質なものを使うと、同等の格の高い仕事を呼び寄せます。マネージメント能力もアップするので、よい仕事にも恵まれます。55ページで紹介した、開運をもたらす色のカバーにしてもよいでしょう。

革製の名刺入れでデキる印象を与える

初対面の挨拶は名刺交換から始まります。最初に見られる名刺入れは、その人の格を印象づけます。品格のある革製の名刺入れで、相手に「デキる」印象を与えましょう。

名刺入れは
名刺を守れる
ふたつきに

マグカップで自分の居場所を確保

オフィスで使い捨てカップを使うのはNG。自分専用のマグカップを用意しましょう。自分のものを使うことで、仕事場での居場所ができ、仕事全体の運気が安定します。

COLUMN

仕事運がアップする

スケジュール帳の使い方

スケジュール帳は使い方も大切です。
運気を上げる使い方のコツを紹介します。

ビジネスには欠かせないアイテムだね
仕

スケジュールはきれいな字で書く

携帯電話でスケジュールを管理する人が増えていますが、手をかけて書くという動作が大切。スケジュールは手書きでていねいに書き込みましょう。

スケジュールを書き込むときには、高級なペンを使って。さらにきれいな字で書くことが大切。字が苦手という人も、ていねいに書けばＯＫです。

仕事用とプライベート用に分けるのが理想

仕事と遊びの予定が混在すると、どちらの運気も中途半端に。スケジュール帳は、できれば仕事用のものとプライベート用のものを分けるのが理想的です。２冊持つのが難しく、１冊を兼用で使う場合は、仕事用の欄とプライベート用の欄を分けたり、書き込むペンの色を変えたりしましょう。

ゆとりを持たせ書き込みすぎない

スケジュール帳は持ち主のスタイルを表すもの。ぎゅうぎゅうに予定を書き込まず、ゆとりを持たせておけば、自然と仕事にも余裕ができ、次の仕事も入りやすくなります。

またスケジュール帳には、付箋やシールをベタベタと貼らないで。気が入り乱れて、仕事運が安定しなくなります。

ぎゅうぎゅうのスケジュールはNG

携帯電話でのスケジュール管理はNG

5
章

方位のパワーを活用しましょう

風水の9方位

ところで風水には方位も運気アップに関係があるって知ってるかい？
あ！知ってる!!
西に黄色いものを置くと金運が上がるって聞いたことあるよ
私？
金
西
￥
お、知っておったか 方位も五行《ごぎょう》（詳しくは5ページ）に分けられていてそれぞれが運気を司るエネルギーを持っているんじゃよ
風水で使う方位はこの9つじゃ！
北
東北
東
東南
南
南西
西
北西
中央
が木
が火
が土
が金
が水
へ〜
西だけじゃなくて北西も「金」に関係があるんだね
そうよ♪
よーし♪
さっそく西に黄色いものを置いてみよう！
…っとあれ？西ってどっちだ??
あっち？こっち？
ふむ まずは間取り図の準備が必要じゃな
おっほん

間取り図を用意したら対角線に線を引くんじゃ
収納
寝室
中心
お風呂
ダイニングキッチン
WC
玄関
これで対角線が交わったところが家の中心となる
中心がわかったらそこを基準に方位を割り出すぞ
そこでこれじゃ!
ジャーン
間取り図を実際の間取りと同じ方向に置いて…
えーと
こっちが寝室だから…こうだ!
くるっ
さっき出した中心の位置に方位磁石を置くと…
あ!!
収納の方向が北だ!
あとは45度ずつ均等に線を引けば8方位がわかるじゃろ
分度器を使うとよいぞ
北
北西
西
東北
45°
南西
東
南
東南
これで西に黄色いものを置けるね!
金

そういえば鬼門《きもん》と裏鬼門《うらきもん》のことを教えるのを忘れておった
ポン
なーにそれ？
？
北東は「鬼門」、南西は「裏鬼門」といって風水では悪い気が通るとされる要注意の方位なんじゃ
鬼門
北
東北
東
東南
南
南西
西
北西
中央
裏鬼門
とくに水まわりや玄関がその方位にあると悪い気が発生しやすいとされているんじゃよ
お風呂とか
トイレとか
えーーっ!?
うちの間取りだとキッチンが裏鬼門にあるよ！
どうしよ～
ガーーン
まあまあ落ち着いて
鬼門や裏鬼門はその場所を清潔にしていれば大丈夫じゃ
それでも心配なら盛り塩（詳しくは50ページ）や植物を置くとよいぞ
おどかしてごめんごめん
本当？
あとは開運風水でフォローすれば心配ナッシングじゃ！
ここまでの知識を生かして！
オヤジギャグ？

おや？
よく見ると この家は 北にはりが あるんじゃな
はり？
間取りの 一辺に対して 出っ張った部分が $\frac{1}{3}$以下なら「はり」 へこんだ部分が $\frac{1}{3}$以下なら「かけ」 と言うんじゃ
はり→
かけ→
これがあると どうなるの？
はりはその方位の パワーを強め、かけはその方位の パワーを弱めるんじゃ
なんかイヤな予感…
じゃあ うちには 北にはりがあるから 北の持つパワーが 強まるってこと!?
やったー♪
北って なんのパワーだっけ？
かけがある場合は 鬼門・裏鬼門と 同様に その方位を 清潔にして 盛り塩を置いて おけばいいんじゃ
盛り塩
♪イエーイ パワーアーップ♪
…って聞いてる？
それじゃ 家の方位が わかったところで 9つの方位の意味や ラッキーアイテム＆ 行動を見ていこうか！
お願いしまーす！♪

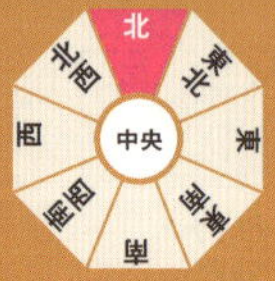

五行では水

北

寝室に最適。静かで落ち着く方位

北は、健康運、セックス運に関係するパワーを持っています。また、太陽の光の影響が少なくて暗いので、静かで落ち着く方位です。

愛情運のなかでもより親密なセックス運を司るので、北の部屋をきれいにすると子宝に恵まれるといわれています。

また、集中できる方位なので、じっくりと計画を練ったり考えたりするのにも最適。勉強や仕事部屋にするのもおすすめです。

お金は暗くて静かな場所を好むため、お金が安心して休める方位。人目につかないところに隠しておきたいようなお金や、お金に関するもののなかでも、大きな財産に関わる契約書類などの保管場所に最適です。お金を減らさずに、しっかり守ってくれます。

関係の深い運気

健康運

北のパワーを強く受けるもの

- 体 …………生殖器、血液
- 職業 ………看護師、芸術家、飲食業（和食）、ホスト、ホステス
- 人 …………子年生まれ、12月生まれ、中年男性
- 行動 ………貯蓄、瞑想、セックス、睡眠

北のパワーを活用しましょう

※家の中心から見た方位に限らず、部屋の中心から見た方位でもかまいません。

白い花を飾って心身ともにリフレッシュ

白い花には浄化作用があります。健康運を左右する北に、白い切り花を飾ることで、心も体もリフレッシュ。しかし、せっかく飾った花も、汚れてしまっては逆効果ですから、花びんの水は、こまめに取り替えましょう。

預金通帳を保管して貯蓄運アップ

貯蓄運を司る北は、定期預金通帳やへそくりなどのお金に関するものを置いておくのに最適。とくに資産関係のものや、実印、土地の権利書などは◎。箱や引き出しの中にていねいに保管すると、さらによいでしょう。

柑橘系のフレグランスで健康運アップ

健康運に大きな影響を与える北。柑橘系の香りは健康運アップに効果的なので、北を柑橘系の香りで満たせば、さらに健康運がよくなります。グレープフルーツやオレンジ、レモンなどのフレグランスを置くと、体の調子がよくなり、気分も上向きに。

果物のグッズや絵を飾って子宝運アップ

愛情運に関係の深い北。赤ちゃんを望むなら、実りの象徴である果物の絵やグッズを飾ると、子宝運がさらにアップします。

なかでもリンゴは、アダムとイブの物語でも知られる愛の象徴。北の夫婦の寝室に、リンゴの絵やグッズを飾れば愛情運がアップするでしょう。

神棚や仏壇を置いて先祖のパワーをもらう

神棚や仏壇は、落ち着いた気を持つ北に置くとよいとされています。神様やご先祖様が穏やかに過ごすことができ、私たちにパワーを与えて守ってくれます。置くときには、南を向くようにしましょう。

また北が無理な間取りなら、西に置いてもよいとされています。

水槽を置くなら北か北西が無難

大きな水槽は、家全体の運気を冷え込ませてしまうため、なるべく置かないほうがよいのですが、どうしても置きたいなら、北に置きましょう。また北西でも◎。

逆に絶対に避けたい方位は南。南と水は相性が悪いため、もめごとやけんかが絶えない家になってしまいます。

方位×間取りの相性と方位別運気アップ対策

北は日当たりが悪いため、暗くて冷えやすいところ。静かで落ち着きますが、よい気が入ってきにくい方位でもあるので明るさに気を配りましょう。

北のリビング

日当たりが悪い分、一日の温度差が少ないので、運気が安定します。北の持つ信頼のパワーが安定することで、夫婦や親子などの家族の関係が穏やかになり、信頼関係も強くなるといわれています。

北の玄関

玄関が北にあると日当たりが悪いため、よい気が入りにくく、夫婦仲や人間関係に悪影響があることも。

暖色系の玄関マットや明るい照明で、明るくなるように工夫しましょう。

北のキッチン

キッチンは主婦の運気に影響大。北のキッチンは冷えるので、主婦が体調を崩しがちに。

また、北とキッチンは相性が悪いため、お金が貯まらなくなります。キッチングッズを暖色系にするなど対策を。

北の収納

北に収納スペースを設けるのは◎。北はお金が安心して休める方位なので、とくにお金に関係するものの保管場所としておすすめです。

また、北は涼しいので、食品の保管にも最適です。

北の寝室

静かで熟睡できるので、体調が整い、あらゆる運気がアップ。

夫婦の寝室にすれば、愛情も信頼関係も深まります。北は生殖器にパワーを与えるので、子宝に恵まれる可能性も期待できます。

北の窓

北に窓があると、ものごとを冷やしてしまう気が入り、家全体の運気が下がりがち。

窓のカーテンを明るい色にしたり、花を飾ったりして、窓辺を華やかな雰囲気にすることでカバーしましょう。

北のお風呂

北にお風呂があるとくに主人に悪影響が。汚れていると愛情運が下がり、浮気がちになるといわれています。

フルーツモチーフのお風呂グッズを取り入れるなどで、運気ダウンを緩和して。

北のトイレ

日当たりが悪くて室温が上がりにくいため、冷え性になりやすく、トイレには避けたい方位。

暖房器具を置いたり、マットやカバーに暖色系を取り入れたりするとよいでしょう。

五行では土

東北

忍耐力が養われる方位

鬼門

鬼門《きもん》（詳しくは154ページ）の東北は、９方位のなかでも注意が必要な方位ですが、その部屋の掃除をきちんと行い、換気を心がけて清潔に保っていれば問題はありません。

五行の「土」の気を持つことから、山を象徴する土のエネルギーが強く、東北を活用することで、**山のように動じない忍耐力が養われる**とされています。

さらに東北は、金運のなかでも、貯蓄や不動産などのパワーを持つ方位。東北を清潔な状態に保てば、**土地や住宅の購入などもうまく運び、相続のトラブルなども解決する**でしょう。

東北は、家の主人や跡継ぎが過ごすのによい方位でもあります。東北を主人や長男の部屋にすると、東北のパワーが十分生かされるでしょう。

関係の深い運気

東北のパワーを強く受けるもの

- 体 ………… 関節、耳、鼻、腰
- 職業 ……… 建築家、大工、ホテル業
- 人 ………… 丑年・寅年生まれ、1月・2月生まれ、長男（跡継ぎ）
- 行動 ……… 相続、引き継ぐ

東北のパワーを活用しましょう

※家の中心から見た方位に限らず、部屋の中心から見た方位でもかまいません。

植物で厄除け。「土」の気を持つ鉢植えが◎

植物は悪い気を吸ってきれいな気に浄化してくれるので、鬼門の東北には鉢植えを置いて、厄除けをしましょう。それと同時に、悪い気がたまらないように、換気をよくして清潔に保つことを心がければ、もっと安心です。

貯金箱を置いてお金を貯める

東北は金運のなかでも、貯めることに関わるものを置くとよい方位。東北に貯金箱を置けば、お金をたくさん貯めることができます。引き継ぐものと相性の良い方位でもあるので、土地や住宅など、資産相続に関するものも吉。

ベルトを丸めて収納して仕事運アップ

ベルトは体の土台である腰に巻くもの。大切に扱うことで、仕事運が安定します。相性のよい東北に収納しておくと、さらに効果が期待できます。しまうときは丸く巻いて、ていねいに収納しましょう。

方位×間取りの相性と方位別運気アップ対策

鬼門《きもん》の東北は、悪い気の影響を受けやすいところ。気がよどみやすい水まわりや、気の出入り口となる玄関や窓にするのは避けたい方位です。

○ 東北のリビング

鬼門ですが、換気と掃除をまめにすれば問題ありません。貯蓄や相続に関わる方位なので、掃除を怠ると、急に出費が増えてしまったり、家族間での相続トラブルが起こったりすることも。

× 東北の玄関

鬼門の東北にある玄関は凶。家全体の運気に影響します。悪い気を引き寄せないためには、掃除をまめにして、清潔に保つことが大切。

盛り塩を必ず置きましょう。塩の量は多めにして。

× 東北のキッチン

鬼門は水まわりと相性がよくありません。生ゴミなどからも悪い気が発生しやすいので、キッチンは要注意。とくにていねいに掃除をしましょう。盛り塩を置けば、さらに安心です。

○ 東北の収納

鬼門の東北に収納スペースを設けるのは◎。悪い気が入りやすい鬼門は、壁になっているほうがよいため、収納スペースには最適です。

北と同様に貯蓄運を持つので、お金に関するものの収納場所に。

○ 東北の寝室

跡継ぎが過ごすとよい方位なので、跡継ぎの寝室に最適です。ただし鬼門なので、大きな窓があると、この寝室を使う人の気持ちが不安定になってしまいます。寝るときは窓とカーテンを必ず閉めて。

× 東北の窓

鬼門なので、大きな窓は凶。悪い気をシャットアウトするには、窓がないほうが理想的です。

窓がある場合は、部屋に観葉植物などを置いて、室内の空気を浄化しましょう。

× 東北のお風呂

東北にお風呂があると、心と体の浄化ができなくなり、体調を崩しやすくなります。悪影響を防ぐには常に清潔な状態を保つことが大切。使用後にさっとひと拭きする習慣をつけましょう。

× 東北のトイレ

鬼門のトイレは凶。とくに男性や長男の運気に影響を与えるといわれ、体調を崩しがちに。東北にトイレがあるなら、毎日の掃除を欠かさずにしましょう。気を浄化する、盛り塩もおすすめです。

COLUMN

寝ている間こそ
絶好のチャンス
なんじゃよ

ほしい運気を
チャージする

枕の方角

長い時間を費やす睡眠時の枕の方角は、運気に大きな影響を与えます。
枕の方角とは、寝るときに頭を向ける方位です。
寝るときの枕の位置を変えて、
取り入れたい運気をチャージしましょう。

健康運なら北枕

悪い印象のある北枕。実は風水では吉とされ、とくに健康運に◎。北枕にすると、北から南へ流れる自然の気の流れと、頭から入って足へ流れる体の気の流れが合うので、スムーズに気が入れ替わるのです。

金運なら西枕

財産やお金のパワーを持つ西。西枕にすれば、寝ている間に、西の金運をチャージできます。西には安定したイメージもあるので、仕事ですでに成功した人や全運が安定した中高年にぴったりです。

仕事運なら東枕

太陽が昇る方角である東は、発展や成長を促すパワーを持っており、東枕で寝ると仕事運や勉強運がアップします。新しいことにチャレンジするときにも最適な方位。若い人には、とくにおすすめです。

南枕はNG

南はエネルギーにあふれる方位。南枕にすると、睡眠を邪魔してしまいます。眠りが浅くなることで、日中に気が散りやすくなることも。できれば南枕は避けましょう。

恋愛運なら東南枕

発展の気を持つ東と、明るく目立つイメージの南のパワーを持つ東南は、恋愛に関わる方位。恋愛運をアップさせたいなら、東南枕に。人間関係や商売繁盛にも、よい効果が期待できます。

五行では木

東
発展する力ややる気のパワーを持つ方位

朝日が昇る東は、そのイメージのまま、発展ややる気、始まりのパワーを持つ方位です。

太陽の陽の気をたっぷりと受けられるので、**どんな部屋にしてもよい**とされています。大きな窓があれば、よい気をよりたくさん取り込むことができますが、その窓が汚れていると、悪い気を招くことに。よい方位だからと安心せずに、いつもきれいにしておきましょう。

東は音との相性が抜群。**インテリアに音の出るものを置くなら、東の方位がおすすめ**です。また、音楽関係の仕事や、ミュージシャンを目指している人などに影響する方位ともいわれています。東のパワーを味方につけて、才能を開花させましょう。

関係の深い運気

東のパワーを強く受けるもの

- **体**…………肝臓、足、神経
- **職業**………音楽関係、アナウンサー、スポーツ選手、タレント
- **人**…………卯年生まれ、3月生まれ、若い男性
- **行動**………昇進、話し合い、演奏、歌う

東のパワーを活用しましょう

※家の中心から見た方位に限らず、部屋の中心から見た方位でもかまいません。

スポーツ用品や楽器を収納して生活が充実

東は発展を促す方位です。スポーツ用品や楽器など、趣味のものを東に収納すると、趣味が充実。楽しみは人生に豊かさをもたらします。仕事がスポーツ関係や音楽関係なら、仕事運もアップするでしょう。

テレビを置いてあらゆる運気をアップ

東は音と相性がよい方位です。テレビやラジオなどの音の出るものを東に置くと、家庭が明るくにぎやかに。情報とも関係が深い方位なので、テレビやラジオからのラッキーな情報が早く耳に入る可能性も期待できます。

オーディオで音楽を流してよい関係に

東は、コミュニケーションのパワーを持っています。東にオーディオを置いて、一緒に音楽を楽しめば、そこにいる人との関係が円満に。夫婦や家族、好きな人との関係がぐっとよいものになるでしょう。

赤いものを置いて才能を発揮

才能ややる気のパワーを持つ東に、才能を引き出してくれる赤いものを置くと、パワーは倍増！　仕事運もアップします。さらに赤には気を活性化する力もあるので、モチベーションを上げてくれる効果も。いつも目に入るインテリアに取り入れるとよいでしょう。

海や大河の絵を飾って丈夫な体に

東は健康運を司る方位で、とくに若い人の健康運を左右するといわれています。海や大河の絵は、東と相性がよいのでおすすめ。子ども部屋に飾れば、健やかな成長を促してくれます。

ただし湖の絵は水の動きが少ないので、気が循環しにくく、運気を上げるには効果が薄いとされています。

勉強机や仕事机を東向きに置いて能力をアップ

勉強机や仕事机を置くなら、東向きに置いて。東の持つ発展のパワーをもらえます。東は集中力をつけ、やる気がアップする方位。勉強や仕事が、はかどるようになります。

また、朝日が差し込む東は、午前中のエネルギーが強く働くので、机に向かう時間帯も午前中が吉。

方位×間取りの相性と方位別運気アップ対策

発展を司るパワーを持つ、明るいイメージの東は、基本的には、どんな部屋を置いても凶の間取りにはならない、よい方位です。

○ 東のリビング

午前中から日が当たり、朝日のパワーをたくさん受けられます。東のリビングで過ごすと活気があふれ、健康運もアップ。

リビングに窓があれば、さらによい気が入ります。

○ 東の玄関

東の玄関は午前中からよい気が入り、活力がアップ。前向きな気持ちになり、仕事も積極的に。

音と相性がよいので、ドアにベルなどの音の出るものをつけると幸運を呼び込めます。

○ 東のキッチン

発展ややる気をもたらす東は、キッチンには最適。窓があれば、そこから差し込む朝日のパワーもつきます。

料理を作る人のやる気が上がれば、それを食べた家族の健康運もアップ！

△ 東の収納

東に収納スペースをとることは、とくに問題はなく、悪くはありません。ただ、せっかく朝日のパワーをもらえる方位なので、日の当たらない収納スペースには、もったいないでしょう。

○ 東の寝室

朝日のパワーを受けてやる気がわいてきます。起きたらまずカーテンを開けてよい気を取り入れましょう。

発展や活力の気がみなぎる東は、若い人や、伸び盛りの子どもの寝室にぴったりです。

○ 東の窓

東の窓は吉。窓から、東の持つ発展の気をたくさん受け取れます。とくに、朝は朝日のエネルギーももらえるので、午前中に窓を開けておけば、よい気を家の中にたっぷり取り込めます。

○ 東のお風呂

体についた悪い気を洗い流す場所として、東は最適の方位。

東は音と相性がよいので、防水テレビや防水ラジオなど、音の出るものでバスタイムを楽しめば、心も体もリフレッシュできます。

△ 東のトイレ

トイレには避けたほうがよい方位。活力がわく東にトイレがあると、やる気がなくなりがちになることも。

換気を心がけ、花などを飾って運気ダウンをやわらげましょう。赤い花がおすすめです。

五行では木

東南

恋愛や結婚に良縁を招く方位

東南は人間関係のすべてに関わりのある方位です。東南をきれいにしたり、ラッキーアイテムを置いたりすることで、**コミュニケーション力がアップし、ご近所づき合いや職場のつき合いもスムーズに**なります。人づき合いが苦手な人は積極的に東南のパワーを活用しましょう。

また東南は、人間関係のなかでもとくに、恋愛や結婚に関係するパワーを持っています。そのため、若い女性には大切にしてほしい方位です。東南を理想的な環境にしておけば、**結婚に結びつく相手に巡り会う運気が高まります**。

香りのよいものとの相性もよいので、花やフレグランスを置くと、運気がぐんとアップするでしょう。

関係の深い運気

東南のパワーを強く受けるもの

- **体** …………腸、呼吸器、髪
- **職業** ………パイロット、運送業、接客業、旅行業
- **人** …………辰・巳年生まれ、4・5月生まれ、部下、長女
- **行動** ………恋愛、旅行、通勤、宣伝

東南のパワーを活用しましょう

※家の中心から見た方位に限らず、部屋の中心から見た方位でもかまいません。

好きな人の写真を飾って恋愛運を高める

恋

好きな人を振り向かせたいなら、恋愛運を高めてくれる東南にその人の写真を飾って。彼がいるなら、あなたと彼の写真を飾れば、ふたりの仲が深まります。写真は好きな人とあなただけのものに。

がんばってね!!
恋
うん

電話を置いてコミュニケーションアップ

人

情報や伝達の大切なツールである電話や携帯電話を東南に置けば、よい人間関係を築くことができるようになります。また、東南で充電すれば、電気と一緒にコミュニケーション力もチャージできます。

友達との写真を飾って友情を深める

人

友情を深めたいと思う友達がいるなら、その友達とあなたが一緒に写っている写真を、東南に飾りましょう。大勢と写っている写真を飾ると、コミュニケーション力が上がって、どんどん友達の輪が広がります。

こないだ旅行に行ったの
ほー
人

香りのよい花を飾って恋愛力をつける

恋愛のパワーを持つ東南に、生き生きとした気を発する花を飾ることで、恋愛運がアップします。とくに香りのよい花がおすすめ。香りにのせて、よい気を運んでくれるでしょう。82～83ページを参考にして、恋愛運アップに効果的な花を選べばさらに吉。または花の香りのフレグランスでもOKです。

手紙を書いて人との関係をよりよいものに

人間関係運に関係の深い東南で手紙を書けば、相手とのよい関係が保てます。より強く、相手との縁をつないでくれるでしょう。

手紙を保管しておく方位としてもおすすめ。相手との関係が深まります。ただし、いらない手紙ととっておきたい手紙はきちんと整理しましょう。

ネックレスの保管場所にして良縁を手に入れる

ロングネックレスは良縁を引き寄せて結ぶ、恋愛運アップに欠かせない開運アクセサリー。ぞんざいに扱わず大切にしまっておきましょう。

アクセサリーを大切に扱うことは金運アップにもつながります。使用後はジュエリーケースなどで、ていねいに保管しましょう。

方位×間取りの相性と方位別運気アップ対策

東南はどの間取りがあっても、相性が悪いというものはありません。窓を開けて気の流れをよくし、家全体に東南から入るよい気を巡らせましょう。

東南のリビング

明るい東南は、リビングに最適。住む人の人間関係がよくなり、来客も多い明るい家になるでしょう。

大きな窓があれば開けて、風通しをよくして。気の流れがよくなり、人気運を高めます。

東南の玄関

東南の玄関は、人間関係をよくする気が入ってきます。家族仲も近所づき合いもうまくいくでしょう。人と接する職業の人なら、相手とよりよい関係が築けるように。商売繁盛も望めます。

東南のキッチン

女性と相性のよい東南は、主婦が使うキッチンには最適。東南で作った料理にもよい気が入り、食べた人の運気もアップします。

東南は悪臭をとくに嫌う方位なので、生ゴミなどはまめに処分を。

東南の収納

日当たりのよい東南を壁で閉じてしまうのは、ちょっと残念。大きな収納は避けたいものです。ただ、趣味のものやスーツケースなどの旅行用品を置く場所としては、相性のよい方位です。

東南の寝室

若い女性の寝室におすすめ。結婚を望んでいるなら、東南の寝室で良縁を引き寄せるパワーをチャージしましょう。

ピンクやオレンジ、花柄など明るいイメージの寝具が◎。

東南の窓

日当たりがよい東南の窓は◎。風との相性も抜群なので、よい気を取り込むのに最適な方位です。ただ、せっかくのよい気も汚れた窓を通ると汚い気になってしまいます。窓はピカピカにしましょう。

東南のお風呂

若い女性が使うととくによく、東南のお風呂で入浴を楽しむと恋愛運がアップ。

鏡がきれいに磨かれていれば、美容運もアップ。明るく清潔なお風呂で、美しさに磨きをかけて。

東南のトイレ

東南はとくに悪臭を嫌う方位なので、換気のできる窓がないと運気ダウンの原因に。窓がなければ換気扇を長めに回し、芳香剤を置いて臭い対策を。対策をきちんと行えば、問題ありません。

五行では火

南

美しさとひらめきを引き寄せる方位

どの方位よりも日差しをたくさん受けられる南は、太陽の陽の気をたっぷりと取り入れられる方位です。

南といえば「美」のパワー。**美的センスや美容運を引き寄せます**。きれいになりたいなら、まずは南をきれいにしたり、ラッキーアイテムを置いたりするとよいでしょう。

また、南は社交性やひらめきを高める方位でもあります。ひらめきが大切なデザイナーや作家、芸術家などのクリエイティブ系の職業なら、南のよい気を取り込むことで、**よいアイデアが浮かぶようになり、仕事のレベルアップ**も期待できます。

南には才能を発揮させるパワーもあるので、認められてチャンスも増えるでしょう。

関係の深い運気

南のパワーを強く受けるもの

- 体 ………… 心臓、目、歯、顔
- 職業 ……… デザイナー、医者、裁判官、スタイリスト、カメラマン、出版業
- 人 ………… 午年生まれ、6月生まれ、中年女性
- 行動 ……… 発明、決断、想像

南のパワーを活用しましょう

※家の中心から見た方位に限らず、部屋の中心から見た方位でもかまいません。

全身鏡でチェックして美しさをキープ

全身鏡を置くなら、美容運によい気が集まる南がおすすめ。南の鏡でスタイルチェックを習慣にすると、美意識が高まり、理想の体型をキープできます。汚れた鏡では逆効果なので、鏡は必ずピカピカに磨いておきましょう。

体重計を置いてダイエット成功

体重計は風水的によいアイテムとされています。その体重計を南に置けば、美容運も健康運もアップ。

ダイエットを成功させたい人は南に体重計を置いて。赤い体重計なら、さらに成功率が上がるでしょう。

メイクをして美のパワーをチャージ

風水では、メイクをしたほうが運気が上がるといわれ、南の方位でメイクをすると、魅力がより引き立ちます。

ドレッサーの鏡はピカピカに。ピンクや紫のメイクグッズを取り入れると、女性の運気を上げてくれます。

一対の植物を置いてひらめきアップ

ひらめきや判断力の気を持つ南に、背の高い観葉植物を置くことで、よいアイデアが浮かんだり、決断力がついたりして、仕事で成功する運気が高まります。また、南は対のものと相性がよいので、一対にして置くと効果大。窓際に置いて、太陽のエネルギーをたっぷり集めましょう。

あこがれの人のポスターで美意識を刺激

「自分もこうなりたい」と思うスタイルのモデルなどのポスターを南に貼っておくと、目指したいスタイルに向かう美意識が高まります。

また、仕事上で人格的に目標としている人がいるなら、その人の写真などを飾るのもよいでしょう。

夢や目標を掲げておけば実現可能に

「必勝」「合格」など、近い将来に達成したい目標やなりたい自分について書いた紙を南に貼ると、実現に向かうパワーがアップ。

「次のプレゼンで契約をとりたい」など、具体的な目標にするほど、実現する可能性が上がるので、ピンポイントで目標を決めて。

方位×間取りの相性と方位別運気アップ対策

南は基本的によい気にあふれる方位ですが、水との相性が悪いため、水まわりがある場合は要注意。対策を知って、運気ダウンを防ぎましょう。

○ 南のリビング

社交的で明るい南の気をたっぷりと受けられる、過ごしやすいリビングに。家族の間のコミュニケーションも増えて、家庭運もアップ。ただ、南は水を嫌う方位なので、水槽を置くのはNG。

○ 南の玄関

南の玄関は吉。仕事で判断力や発想力などが発揮できるようになり、仕事運がアップ。

ただし水との相性が悪いので、たたきを水拭きで掃除するときは、水滴を残さないように注意しましょう。

△ 南のキッチン

日当たりがよいため開放的になり、無駄遣いが多くなりがち。食器などをピカピカに磨いて金運を招く対策を。

また、南は水と相性が悪いので、シンクに水をためっ放しにしないように心がけて。

× 南の収納

南は太陽のエネルギーをたくさん取り込める方位。収納スペースにするには不向き。収納棚などを置いて壁をふさいでしまうと、日当たりも風通しも悪くなってしまい、家の中によい気が入ってきません。

○ 南の寝室

眠っている間に、南が持つひらめきのパワーをチャージできます。とくにクリエイティブ関係の仕事の人にはおすすめです。窓際だと落ち着かなくなるので、ベッドは部屋の中央寄りに置いて。

○ 南の窓

太陽のエネルギーを得られます。ただし、大きすぎる窓は、年配の人にはエネルギーが強すぎる場合も。南と相性のよい茶系やベージュのカーテンで気を穏やかにする工夫をするとよいでしょう。

× 南のお風呂

南は水との相性が悪いため、お風呂には不向き。大量の水を使う分、運気ダウンへの影響も大。

こまめに換気したり、悪い気を浄化する観葉植物を置いたりして、運気ダウンを防いで。

× 南のトイレ

南のトイレは凶。健康運に影響を与えるので、心身ともに調子を崩してしまうことも。

浄化作用があるラベンダーを芳香剤に使ったり、マットやカバーをラベンダー色にしたりするとよいでしょう。

南西

穏やかな気が流れる家庭円満の方位

五行では 土

裏鬼門

裏鬼門《うらきもん》（詳しくは154ページ）の南西は悪い気の通り道で、鬼門の東北と同じように、気がよどみやすい水まわりや、気の出入り口となる玄関には、適切ではないといわれています。南西に水まわりや玄関がある場合は、とにかく清潔にすることを心がけましょう。汚れていると大きな運気ダウンにつながります。

ただ、裏鬼門だからといって、悪影響を及ぼすだけの方位というわけではありません。南西の方位をよい状態にしておくと、あらゆることに安定をもたらすので、**家庭や仕事が落ち着き、穏やかな生活を送れるでしょう。**

また、**与えられた仕事を真面目にこなし、地道に働く忍耐力をつけるので、仕事運アップ**も期待できます。

関係の深い運気

南西のパワーを強く受けるもの

- **体**…………胃、消化器、へそ
- **職業**………営業、農業、土木関係、不動産業
- **人**…………未年・申年生まれ、7月・8月生まれ、母、妻、主婦
- **行動**………仕事、忍耐

南西のパワーを活用しましょう

※家の中心から見た方位に限らず、部屋の中心から見た方位でもかまいません。

鈴やベルを置いて家庭運安定

家

鈴やベルなどの鐘の音のするものは、厄除けの効果大。南西は家庭を安定させる気を持つので、家庭が落ち着きます。家族に不運が続いたら、音を鳴らしてみては。裏鬼門だからこそ、ラッキーアイテムを積極的に取り入れて。

なごむわ～
チリン
チリン
家

盆栽を置いて家庭によい気を送る

家

気を浄化してくれる植物は、裏鬼門の南西には必ず置きたいもの。観葉植物でもよいのですが、南西の方位には、しっかりと土に根づく盆栽のほうがより効果が期待できます。盆栽がよい気を発して、家庭全体の運気がアップ。

衣類に関係する家事をして家庭運アップ

家

アイロンをかける、洗濯ものをたたむなど、家族が身につけるものに関する家事は、南西で行うとより愛情が込もり、家族みんなの運気がアップします。また、南西で主婦が穏やかな気持ちで過ごすと、愛情豊かな家庭に。

方位×間取りの相性と方位別運気アップ対策

南西は、とくに主婦や母親の運気に影響を与える方位です。裏鬼門なので水まわりや玄関がある場合は、厄除け対策で凶作用を緩和しましょう。

○ 南西のリビング

南西は主婦の方位なので、主婦が長い時間を過ごす場所にするのは吉。居心地のよいリビングなら、家庭全体の運気が落ち着きます。

たたみとも相性がよいので、和室のリビングにするのも◎。

× 南西の玄関

裏鬼門の玄関は凶。とくに主婦の健康に悪影響を与え、病気がちに。

青や緑などの寒色系をインテリアに取り入れると、凶作用を緩和できます。また、盛り塩を置いてもよいでしょう。

× 南西のキッチン

裏鬼門の南西は水まわりとの相性が悪く、キッチンがあると主婦の健康を害したり、金運が安定せず、貯金が続かなくなったりする傾向が。

観葉植物を置くと、気のバランスが整います。

○ 南西の収納

南西に収納スペースを設けるのは◎。とくに主婦の運気が安定します。

ただ、中が乱雑だと運気もダウン。悪い気が発生しないよう、きちんと収納しましょう。除湿も忘れずに。

○ 南西の寝室

夫婦の寝室にするには最適。愛情あふれる円満な関係になります。

南西はたたみと相性がよいので、たたみの寝室にするのもおすすめです。たたみの上で眠ると、より運気がアップします。

× 南西の窓

裏鬼門は悪い気の通り道なので、窓は×。主婦や女性にトラブルが起こりやすくなります。

窓がある場合には、小さくてもよいので観葉植物を置くなどして、気を浄化しましょう。

× 南西のお風呂

裏鬼門とお風呂は相性が悪く、とくに愛情運や健康運を下げます。

湿気がカビの原因になるので、窓を開けたり、換気扇を長めに回したりして、換気を心がけましょう。入浴後は必ずお湯を捨てて。

× 南西のトイレ

裏鬼門のトイレは凶。とくに主婦の健康に悪影響が。主婦の不調は、家族全員の運気ダウンにつながります。

掃除と換気をまめに行い、盛り塩は必ず置いて。柑橘系の芳香剤もおすすめ。

COLUMN

上手に
取り入れて
運気アップ！
健

知っておきたい 水の扱い方

インテリアに水を取り入れるのは風水的にもよいこと。
ただし、一歩まちがえると運気ダウンにつながるので
置く場所や管理の仕方には注意が必要です。

Point 1 水槽を置くなら小さめのものに

水槽の中の大量の水は、家の運気を冷やします。水槽が大きく、水の量が多くなるほど、影響は大。どうしても水槽を置きたい場合は、小さめのものにしましょう。部屋のサイズにつり合わないほどの、巨大水槽は気のバランスも乱します。

Point 3 南に水を置くなら観葉植物を隣に

南は、水との相性がもっともよくありません。花びんや水槽は、南に置かないこと。どうしても置きたいときには、観葉植物を一緒に置くようにしましょう。気のバランスが整い、運気ダウンが緩和できます。

Point 2 花びんの水はまめに取り替える

花びんの水がよどむと、悪い気を発するようになってしまいます。花は、花びんのきれいな水を吸ってはじめて、よい気を発するもの。水がよどんでいては逆効果です。花びんの水はまめに取り替えて、いつも新鮮なよい気が部屋を満たすようにしましょう。

Point 4 ウォーターサーバーはキッチンの北に置く

キッチンにウォーターサーバーを置く場合には、水と相性のよい北にして。また、シンクや冷蔵庫など、水と関係の深いもののそばがベスト。火を象徴する南や、コンロなどの火を使う場所の近くは避けましょう。

五行では金

西
強力な金運と喜びを招く方位

西は、金運と関係の深い方位です。とくに西の方位が持っているのは、お金が入ってくるパワー。西のパワーを上手に活用すれば、**給料が上がったり、臨時のボーナスが入ったりといった、日常のお金の流れがよくなる**効果があります。また、お金が巡ってくるだけでなく、贈りものやごちそうを受ける機会も増えることでしょう。

西に置くインテリアには、「金」を連想させる、キラキラ輝くものや、高級感のあるものを取り入れると吉。財布や普通預金の通帳などの、**お金に関するものの保管場所としてもよい**とされています。

喜びを得られる方位でもあるので、**仲よく円満な家庭や人間関係を築く**ことにもパワーを発揮します。

関係の深い運気

西のパワーを強く受けるもの

体 ………… 口、腎臓、肺
職業 ……… ブランド店員、金融業、営業、宝石商、飲食業（洋食）
人 ………… 酉年生まれ、9月生まれ、若い女性
行動 ……… 恋愛、会話、会食、商売

西のパワーを活用しましょう

※家の中心から見た方位に限らず、部屋の中心から見た方位でもかまいません。

サンキャッチャーで金運を引き寄せる

金運は輝くものに引き寄せられるので、窓辺にサンキャッチャーを飾れば、金運がアップします。

キラキラするものは光を導いて、太陽のよい気を室内に取り込めるので、悪い気を払う効果も期待できます。

通帳や財布を西にしまってお金を呼ぶ

西はお金の流れを左右する方位。普段持ち歩く財布や通帳をしまっておくことで、日常のお金回りがよくなります。時給アップで生活費が充実したり、予想外の臨時収入があったり、日々の収入増に効果的です。

ひまわりの絵や写真を飾って収入アップ

金運を司る西に、お金を象徴する黄色のものを置くと、金運がアップします。絵や写真を飾るなら、黄色い花の代表である、ひまわりがおすすめ。大幅な収入アップが見込めるかもしれません。もちろん生花でもＯＫ。

食事を楽しむと人づき合いが円滑に

西は社交運を司る方位なので、西のよい気を取り入れることで、いろいろな人とのコミュニケーションがうまくとれるようになります。

西にテーブルを置いて友人や恋人と食事をすれば、西のパワーを存分に体に取り込め、会話のキャッチボールが上手にできるでしょう。

酉(にわとり)の置きものを置いて収入増!

風水では、酉(にわとり)は西が司る金運を、より強力にしてくれるとされています。西に窓があれば、窓辺に酉の置きものなどを置くとよいでしょう。

ほかに金運を招く動物としては、「お金が返る」といわれるかえるや、高級な革に使われるへびも知られています。

ブランドバッグを収納して貯蓄運アップ

金運を司る西を、高級なものの保管場所にすると、金運がアップします。そのため、高級ブランド品などの収納場所として最適です。

とくにバッグは、ものを入れて財産を守るもの。ブランドバッグを西に収納しておくと、財運がつき、お金が貯まるようになります。

方位×間取りの相性と方位別運気アップ対策

西は金運を司る方位です。西をきれい保つことは、どんな間取りであっても収入アップやお金にまつわる運気を上げることにつながります。

○ 西のリビング

金運を招く西にリビングがあると、商売の運気がアップ。自営業をしている人には最高の間取りです。ただ、窓から運気が逃げないように、夜寝るときの閉め忘れには注意しましょう。

△ 西の玄関

喜びや出会いを招く西の玄関はよく、清潔で明るくしておくと、来客が多くて楽しい家になります。ただ、汚れていると金運が落ち着かなくなります。清潔にし、高級感のあるインテリアを取り入れて。

× 西のキッチン

西とキッチンは相性が悪く、金運ダウンを招きやすくなります。とくに生ゴミの置きっ放しには要注意。悪臭が漂っていたり、不衛生にしたりしていると、無駄遣いが多くなってしまうことも。

○ 西の収納

財布や貯金通帳などのお金に関するものや、ジュエリーなどの収納に最適な方位。それらを西に収納すれば、金運がアップします。よい気を招くには、収納スペースに余裕を持たせることがポイント。

○ 西の寝室

西は太陽が沈むことから、熟睡しやすい方位で、寝室にぴったり。とくに年配の人が使うとよいとされています。

高級な家具を置くことで、より落ち着いた雰囲気になり、運気も安定するでしょう。

○ 西の窓

西の窓をきれいにしておくと、よい気が入ってきて金運アップが望めます。ただし、大きい窓だと、せっかくの運気が逃げてしまうことも。開けっ放しにはしないこと。とくに夕方以降は窓を閉めて。

× 西のお風呂

西にお風呂があると、金運が流れ出ていってしまうといわれています。とくに女性の金遣いが派手になり、遊び好きになる傾向が。

好きな香りの石けんで、気持ちを落ち着かせるなどの対策を。

× 西のトイレ

西にトイレがあると、金運と健康運がダウン。とくに若い女性は要注意です。掃除を徹底して、タオルもまめに交換しましょう。トイレマットなどを上質なものにすることで、金運ダウンを防ぐことができます。

北西

仕事運を司る格の高い主人の方位

五行では金

北西は主人の方位といわれ、主人のすべての運気を左右する大切な方位。一家の主の運気が上がれば、家庭全体がよい影響を受けるので、家族にとっても大切な方位といえます。

また、北西は、出世運や事業運、社会的な信用、リーダーシップ力、目上の人やよい客を味方につけるスポンサー運など、仕事に関わる事柄に関係が深い方位。仕事運全体に影響します。仕事運を高めたければ、北西にラッキーアイテムを置いたり、**仕事用のものの保管場所にしたりするとよい**でしょう。

勝負運を持つ方位でもあるので、宝くじや懸賞などのギャンブルは、北西のパワーを味方につけると、**当選確率のアップ**も期待できるでしょう。

関係の深い運気

北西のパワーを強く受けるもの

- **体**…………頭、骨
- **職業**………弁護士、経営者、エンジニア、政治家
- **人**…………戌・亥年生まれ、10・11月生まれ、主人、父、目上の人
- **行動**………出世、事業、勝負

北西のパワーを活用しましょう

※家の中心から見た方位に限らず、部屋の中心から見た方位でもかまいません。

トロフィーを飾って勝負運を呼ぶ

勝負強くなる北西に、成功の証であるトロフィーを飾っておくと、ここぞというプレゼンなどのときに、力が発揮できるようになります。ただし、ホコリだらけでは逆効果。いつもきれいに磨いておきましょう。

カレンダーや時計を掛けて仕事運を味方に

カレンダーや時計など、数字が書かれているものは、仕事運がアップ。カレンダーは書き込めるスペースがあるデザインのものが吉。重要な仕事の予定を書き込めば、勝負運が味方につき、その仕事の成功を後押しします。

仕事用パソコンを置いて信頼度アップ

仕事で使うパソコンは、北西に置いて。パソコンは、メールなどのコミュニケーションのツールとしても使われるもの。北西の持つスポンサー運がつき、職場の同僚や上司からの信頼度も上がります。

仕事用バッグの置き場所にして仕事運をチャージ

一日外で働いて帰ってきた私たちが寝室で体を休めるように、使ったバッグも帰宅したら、定位置を決めて休ませるとよいとされています。

仕事用バッグの置き場所は、仕事によい運気をもたらす北西がおすすめ。仕事運を引き寄せる開運バッグになるでしょう。

宝くじを保管して当選率アップ

宝くじを買ったら、勝負運が強くなる北西に保管しましょう。黄色の布に包んだり、黄色の箱に入れたりして、金運をもたらす黄色の力も借りれば完ぺき。きっと当選の幸運を呼んでくれるでしょう。

北西に保管場所がなければ、貯蓄運を持つ北に置いてもＯＫ。

ライオングッズで勝負強さを味方につける

北西は権力のあるものとの相性がよく、百獣の王であるライオンモチーフのものを置いておくと、ここぞというときの勝負強さを運んでくれるでしょう。よいスポンサーもつくようになり、仕事運もアップ。

家の守り神として、玄関に置くのもよいとされています。

方位×間取りの相性と方位別運気アップ対策

北西は「主人の方位」といわれるように、その家の主人や年長者に大きな影響を与えます。大黒柱の運気を下げないように、対策をしっかり行いましょう。

北西のリビング

北西にリビングがあると、主人の仕事運がアップ。主人の運気が上がれば、家庭全体が幸運に。

また勝負運を持つ北西のリビングで過ごせば、ギャンブルで一攫千金をねらえるかも。

北西の玄関

主人の方位である北西に玄関があると、仕事運は上がるものの、気の出入りが激しく、主人が仕事で留守がちになることも。ただ、主婦がしっかりしていれば、家庭に問題は起こりません。

北西のキッチン

主婦が長く過ごすキッチンが北西にあると、家の主導権を握る力が主婦につきます。主人が弱く、主婦が強い家庭になりがちですが、そのほうが家庭が安定することもあるので、問題ないでしょう。

北西の収納

主人のものを収納するスペースとして◎。スーツや仕事道具を収納すると仕事運がアップします。

先祖に関係のあるものや神さまをまつる場所としてもよいとされています。

北西の寝室

主人の寝室に最適。眠っている間に、仕事へのエネルギーと、北西の持つ仕事運や出世運などの運気がしっかりチャージできます。格の高い方位なので、若者や子どもよりも、働き盛りの人におすすめ。

北西の窓

窓のサイズは小さめが理想。窓は、家具などで閉ざしてしまわないようにしましょう。主人に影響がある方位なので、壁でふさがれていると主人の運気を上げる気が入ってきません。

北西のお風呂

汚れたままの残り湯がたまっていると、悪い気が発生し、主人の運気に影響するので注意しましょう。

樹木系の香りの入浴剤や木製のお風呂アイテムを使って、悪い気を浄化しましょう。

北西のトイレ

北西のトイレはそれほど悪くはありませんが、とくに主人の健康運にダメージを受けやすく、体調を崩しがちになってしまいます。

観葉植物や盛り塩を置いて、気の浄化を心がけましょう。

五行では土

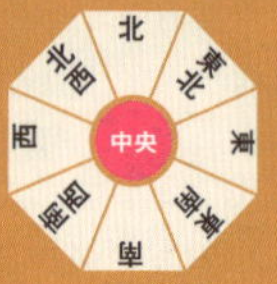

中央

安定させれば家全体に幸を招く方位

中央はその名の通りに、８つの方位の中心です。ここはまわりの8方位からエネルギーが集まってくる場所なので、８方位からの影響を受けやすく、同時に8方位へも影響を与えやすいところです。つまり、**中央がよい気であふれていれば、全方位に穏やかなよい気が流れる**ということ。家じゅうが幸運で満たされるでしょう。

家全体を支える家の中央は、しっかりと安定していることが重要です。そのため、中央に大きな吹き抜けや階段があると、家全体の気が落ち着かないとされています。

また、中央は一家の大黒柱を象徴する方位でもあるので、**リーダーシップを発揮する力が備わる**ともいわれています。

関係の深い運気

中央のパワーを強く受けるもの

- 体…………全身
- 職業………すべての職業
- 人…………すべての人
- 行動………安定、貯金、夢を叶える

中央のパワーを活用しましょう

※家の中心から見た方位に限らず、部屋の中心から見た方位でもかまいません。

観葉植物でよい気を呼び寄せる

観葉植物は、さわやかな自然のよい気を呼び寄せて悪い気を浄化してくれる、頼もしい風水アイテムです。

悪い気が滞りがちな中央の部屋には積極的に置いて、開運効果を発揮させましょう。

ラベンダーの花と香りで開運効果を上げる

中央は香りのよい花と相性がよい方位。とくにラベンダーは浄化作用もあるので、窓がなくて悪い気がこもりやすい中央に、もっともおすすめ。ラベンダーの香りのフレグランスでもOK。あらゆる運気がアップします。

何も置かないとすべての運気がアップ

中央は家の心臓部。何かを置いたり踏んだりしないほうがよいところです。中央の部屋の真ん中には何も置かないのがベスト。また中央の柱や壁に傷をつけないで。中央を大切に扱うことで、安定した暮らしが得られます。

中央の柱は
傷つけ
ないこと

方位×間取りの相性と方位別運気アップ対策

中央は、みんなが集まるとよい方位。窓がないことが多いため、換気しにくいのが難点。水まわりや臭いがこもりやすい場所は注意しましょう。

○ 中央のリビング

すべての運気が集まってくる中央にリビングがあるのは吉。家族みんなが集まって過ごすリビングとなり、会話も増え、家庭運がアップ。ここで過ごす時間が長いほど、運気は上昇するでしょう。

× 中央の玄関

中央の玄関はもっとも凶。運気の浮き沈みが激しく、よいことがあっても、その後に急激に落ち込んでしまうなど不安定になってしまいます。幹の太い大きめの観葉植物を置いて、悪い気を緩和して。

× 中央のキッチン

運気の波が激しくなり不安定に。突然の収入の後に大きな出費があるなど、金運も安定しなくなり、心配ごとも増えてしまいます。

気を安定させる、観葉植物を置くなどの対策を行いましょう。

× 中央の収納

人が集まるべき中央を、収納スペースにするのはNG。中央に収納スペースがある場合には、整理整頓を心がけて。中央は、湿気や汚れをとくに嫌うので、換気をまめにし、除湿剤は必ず置きましょう。

○ 中央の寝室

自営業をしている人や一家の主人の寝室におすすめ。中央が持つ、リーダーシップを発揮する力がつきます。

子どもの寝室にするには、パワーが強すぎるので、避けたほうがよいでしょう。

× 中央の窓

中庭に面して設けられるような中央の窓は、家の心臓部が抜けているようなものなので×。すべての運気がダウンします。

中央の窓は開けっ放しにせず、必ず閉めておきましょう。

× 中央のお風呂

家全体の運気が不安定に。とくに家庭運を冷やすので、夫婦関係にも影響が。

水まわりは悪い気がどんどんたまってしまうので、窓を開けたり換気扇を長めに回したりして、換気を徹底して。

× 中央のトイレ

その家の人のすべての運気にダメージを与えてしまいます。中央にトイレがあるなら、必ず盛り塩を置いて。

中央と相性のよいラベンダーの花を飾ったり、芳香剤を置いたりするとよいでしょう。

6章

吉方位のエネルギーを取り入れましょう

吉方位とは

おや? 旅行かい?
うん♫
来月 友達と行くことに なったんだけど どこに行こうか 迷ってて…
ここも いいなあ
旅
温泉
それなら 吉方位《きっぽうい》なんて どうじゃ? 吉方位に行けば 開運パワーを チャージ できるぞ!
旅行におすすめじゃ
吉方位?
そっか! ここでも 方位の持つ パワーが 利用できるのね!
南が「美」のパワーを 持っているということを 習ったばかりだったわ!
ということは 南に行けば 美しくなれるってこと!?
ナイス アイデーア♫
オホホ
ちがう ちがーう
吉方位は九星気学《きゅうせいきがく》が もとになっていて ここまでの 考え方とは ちょっと異なる
北
東北
東
東南
南
南西
西
西北
中央
気学
ま、同じだと 思うよねー
方位の持つパワーは 関係なく 南が 吉方位のときもあれば 凶方位のときもある 吉方位は 毎月毎年変わるんじゃ
ずいぶん 頻ぱんに変わるんだね で 今はどの方位が 吉方位なの?
北海道
沖縄

おぬしは何年生まれじゃ
え!?
なんで急に!? 年齢知られちゃうから今まで隠してたのに…
話そらしてる?
いいたくないなら仕方がないな せっかく吉方位を教えてあげようと思ったのに
ぷい
あーん わかった 教えます～
意味もなく聞くわけがないじゃろ?
吉方位というのは生まれ年をもとに割り出されるんじゃ
え??
じゃあ年によって違うってこと?
いや そこまで分かれてはいないが 九星気学の考え方では 人はみな 生まれたときから 「本命星《ほんめいせい》」が 決められているんじゃ その本命星によって エネルギーをもらえる 吉方位が決まるんじゃよ
これが9つある本命星の種類じゃ
九星の種類
★一白水星
★二黒土星
★三碧木星
★四緑木星
★五黄土星
★六白金星
★七赤金星
★八白土星
★九紫火星
私たちはみんな 9つの星のもとに… なんだか ロマンチックね～
キュン
それじゃあ 次のページで 生まれ年から 本命星を調べて、 吉方位を 調べてみよう!
わーい♪ 私なんだろ!

計画を立てるときに便利！

九星別 吉凶方位カレンダー

本書では9年分の大吉方位、大凶方位を出しました。吉方位や凶方位よりも、より強い効果があるので引っ越し先や遠方への旅行先を決めるときに利用しましょう。

すごい!! これなら計画的に引っ越しや旅行ができるね！
風
9年間分あるから先を見据えて予定が立てられるぞ

九星早見表

まずは九星早見表で本命星を調べましょう。

一白《いっぱく》水星《すいせい》	二黒《じこく》土星《どせい》	三碧《さんぺき》木星《もくせい》	四緑《しろく》木星《もくせい》	五黄《ごおう》土星《どせい》	六白《ろっぱく》金星《きんせい》	七赤《しちせき》金星《きんせい》	八白《はっぱく》土星《どせい》	九紫《きゅうし》火星《かせい》
昭和20	昭和19	昭和18	昭和17	昭和16	昭和15	昭和14	昭和13	昭和21
昭和29	昭和28	昭和27	昭和26	昭和25	昭和24	昭和23	昭和22	昭和30
昭和38	昭和37	昭和36	昭和35	昭和34	昭和33	昭和32	昭和31	昭和39
昭和47	昭和46	昭和45	昭和44	昭和43	昭和42	昭和41	昭和40	昭和48
昭和56	昭和55	昭和54	昭和53	昭和52	昭和51	昭和50	昭和49	昭和57
平成2	平成元(昭和64)	昭和63	昭和62	昭和61	昭和60	昭和59	昭和58	平成3
平成11	平成10	平成9	平成8	平成7	平成6	平成5	平成4	平成12
平成20	平成19	平成18	平成17	平成16	平成15	平成14	平成13	平成21
平成29	平成28	平成27	平成26	平成25	平成24	平成23	平成22	平成30

※1月1日から2月4日までに生まれた人は、前年の九星が本命星となります。

方位の影響がもっとも強い引っ越しがおすすめ

吉方位の活用の仕方のなかで、もっとも影響力が強いのが、引っ越しです。**吉方位への引っ越しは、たとえ数十メートルであっても、大きな効果が期待できる**とされています。

引っ越しを機に幸せな新生活をスタートさせたいのなら、ぜひ吉方位カレンダーを活用しましょう。

そもそも**引っ越し自体が、運気をリセットする開運行動**。移動することで新しいよい気が流れることにつながるからです。

運気が下がり気味な人や、かなえたい願いごとがある人は、吉方位への引っ越しを検討してみましょう。

一《いっ》白《ぱく》水《すい》星《せい》

2021 年

北西	西	南西	南	東南	東	東北	北	方位/月
	×				×			1
×				×	○			2
×				×				3
×				×				4
×				×				5
×				×				6
×				×	○			7
×				×				8
×				×				9
×				×	○			10
×				×	○			11
×				×				12

2020 年

北西	西	南西	南	東南	東	東北	北	方位/月
		×				×		1
	×			○	×			2
	×			○	×			3
	×				×			4
	×				×			5
	×				×			6
	×				×			7
	×				×			8
	×				×			9
	×				×			10
	×				×		○	11
	×			○	×			12

2019 年

北西	西	南西	南	東南	東	東北	北	方位/月
			×			○	×	1
		×				×	○	2
		×				×		3
		×				×		4
		×	○			×		5
		×				×		6
		×				×		7
		×				×		8
		×				×		9
		×	○			×		10
		×				×	○	11
		×				×		12

2024 年

北西	西	南西	南	東南	東	東北	北	方位/月
×				×				1
	×				×			2
	×				×			3
	×		○		×	○		4
	×		○		×			5
	×				×	○		6
	×				×			7
	×		○		×			8
	×				×			9
	×				×			10
	×				×			11
	×				×			12

2023 年

北西	西	南西	南	東南	東	東北	北	方位/月
		×			○			1
×				×				2
×				×				3
×				×				4
×				×				5
×				×				6
×				×				7
×				×				8
×				×				9
×				×				10
×				×				11
×				×				12

2022 年

北西	西	南西	南	東南	東	東北	北	方位/月
×				×		○		1
	○	×						2
	○	×						3
		×			○			4
		×		○				5
		×		○				6
		×			○			7
○	○	×						8
	○	×						9
○		×						10
	○	×						11
	○	×						12

2027 年

北西	西	南西	南	東南	東	東北	北	方位/月
			×				×	1
			×		○		×	2
			×				×	3
			×				×	4
			×				×	5
		○	×				×	6
		○	×		○		×	7
			×				×	8
			×				×	9
		○	×		○		×	10
			×		○		×	11
			×				×	12

2026 年

北西	西	南西	南	東南	東	東北	北	方位/月
		×				×		1
			×				×	2
			×				×	3
		○	×				×	4
	○		×				×	5
	○		×				×	6
			×				×	7
	○		×				×	8
	○	○	×			○	×	9
		○	×			○	×	10
			×				×	11
			×				×	12

2025 年

北西	西	南西	南	東南	東	東北	北	方位/月
	×		○		×	○		1
	○	×	○			×	○	2
		×				×		3
		×				×		4
		×	○			×	○	5
		×				×		6
		×				×		7
	○	×				×		8
	○	×				×		9
		×	○			×		10
	○	×	○			×	○	11
	○	×				×		12

○は吉方位、×は凶方位です。

二《じ》黒《こく》土《ど》星《せい》

2021年

北西	西	南西	南	東南	東	東北	北	方位/月
	×				×			1
×	○			×				2
×				×		○		3
×				×		○		4
×				×				5
×				×				6
×				×				7
×				×				8
×				×				9
×				×		○		10
×	○			×				11
×				×		○		12

2020年

北西	西	南西	南	東南	東	東北	北	方位/月
		×				×		1
	×			○	×			2
○	×				×			3
	×				×			4
	×				×			5
	×				×			6
	×				×			7
	×				×			8
	×				×			9
	×				×			10
○	×				×			11
○	×				×			12

2019年

北西	西	南西	南	東南	東	東北	北	方位/月
			×				×	1
		×			○	×		2
		×			○	×		3
		×				×		4
		×			○	×		5
○		×				×		6
		×				×		7
○		×				×		8
		×				×		9
		×				×		10
		×			○	×		11
		×			○	×		12

2024年

北西	西	南西	南	東南	東	東北	北	方位/月
×				×		○		1
	×		○		×			2
	×		○		×	○	○	3
	×	○	○		×	○	○	4
	×		○		×		○	5
	×	○			×			6
	×	○			×			7
	×				×			8
	×				×			9
	×				×	○		10
	×		○		×			11
	×				×	○	○	12

2023年

北西	西	南西	南	東南	東	東北	北	方位/月
		×						1
×				×				2
×				×				3
×				×		○		4
×			○	×				5
×			○	×		○		6
×			○	×			○	7
×			○	×			○	8
×				×				9
×				×				10
×				×				11
×				×				12

2022年

北西	西	南西	南	東南	東	東北	北	方位/月
×				×		○		1
		×	○					2
		×						3
		×						4
		×						5
○		×						6
	○	×						7
		×	○					8
		×	○					9
		×	○					10
		×	○					11
		×						12

2027年

北西	西	南西	南	東南	東	東北	北	方位/月
			×				×	1
			×				×	2
			×				×	3
		○	×				×	4
			×				×	5
		○	×				×	6
		○	×	○			×	7
			×	○			×	8
			×	○			×	9
			×				×	10
			×				×	11
			×				×	12

2026年

北西	西	南西	南	東南	東	東北	北	方位/月
		×				×		1
			×		○		×	2
			×				×	3
			×				×	4
			×				×	5
			×				×	6
		○	×				×	7
			×		○		×	8
		○	×				×	9
		○	×				×	10
			×		○		×	11
			×				×	12

2025年

北西	西	南西	南	東南	東	東北	北	方位/月
	×		○		×	○	○	1
		×	○		○	×	○	2
		×			○	×		3
		×				×		4
		×			○	×		5
		×				×		6
		×				×		7
		×	○			×		8
		×	○			×	○	9
		×	○			×	○	10
		×	○		○	×	○	11
		×			○	×		12

○は吉方位、×は凶方位です。

三《さん》碧《ぺき》木《もく》星《せい》

2021年

北西	西	南西	南	東南	東	東北	北	方位/月
	×				×			1
×				×				2
×				×				3
×				×				4
×				×	○			5
×				×				6
×				×				7
×				×				8
×				×				9
×			○	×				10
×			○	×				11
×				×				12

2020年

北西	西	南西	南	東南	東	東北	北	方位/月
		×				×		1
	×				×			2
	×				×	○		3
	×				×			4
	×				×			5
	×				×			6
	×				×			7
	×				×			8
	×				×	○		9
	×				×			10
	×				×			11
	×				×	○		12

2019年

北西	西	南西	南	東南	東	東北	北	方位/月
○			×				×	1
	○	×				×		2
		×				×		3
		×				×		4
	○	×				×		5
		×				×		6
		×				×		7
		×				×		8
		×				×		9
○		×				×		10
	○	×				×		11
		×				×		12

2024年

北西	西	南西	南	東南	東	東北	北	方位/月
×				×				1
	×				×			2
	×	○			×			3
	×	○			×			4
	×				×			5
	×				×			6
	×				×			7
	×				×			8
	×	○			×			9
	×				×			10
	×				×			11
	×	○			×			12

2023年

北西	西	南西	南	東南	東	東北	北	方位/月
		×						1
×				×				2
×		○		×				3
×				×				4
×				×			○	5
×		○		×				6
×		○		×				7
×				×				8
×				×				9
×				×				10
×				×				11
×		○		×				12

2022年

北西	西	南西	南	東南	東	東北	北	方位/月
×				×				1
		×		○				2
		×		○				3
		×						4
		×	○					5
		×						6
		×	○					7
		×					○	8
		×					○	9
		×						10
		×						11
		×		○				12

2027年

北西	西	南西	南	東南	東	東北	北	方位/月
			×				×	1
			×				×	2
			×				×	3
			×				×	4
			×				×	5
			×				×	6
			×				×	7
○			×				×	8
			×				×	9
			×				×	10
			×				×	11
			×				×	12

2026年

北西	西	南西	南	東南	東	東北	北	方位/月
		×				×		1
			×				×	2
			×			○	×	3
			×				×	4
			×	○			×	5
			×				×	6
			×				×	7
			×				×	8
			×	○		○	×	9
			×				×	10
			×				×	11
			×			○	×	12

2025年

北西	西	南西	南	東南	東	東北	北	方位/月
	×				×			1
		×			○	×		2
		×				×		3
		×				×		4
	○	×				×		5
		×				×		6
		×			○	×		7
		×				×		8
		×				×		9
		×				×		10
		×			○	×		11
		×				×		12

○は吉方位、×は凶方位です。

四《し》緑《ろく》木《もく》星《せい》

2021 年

北西	西	南西	南	東南	東	東北	北	方位/月
	×				×			1
×			○	×				2
×				×				3
×				×				4
×				×				5
×				×				6
×				×				7
×				×				8
×				×				9
×			○	×				10
×			○	×				11
×				×				12

2020 年

北西	西	南西	南	東南	東	東北	北	方位/月
○		×				×		1
	×				×			2
	×				×		○	3
	×				×			4
	×				×			5
	×				×		○	6
	×				×			7
	×				×			8
	×				×			9
	×				×			10
	×				×			11
	×				×		○	12

2019 年

北西	西	南西	南	東南	東	東北	北	方位/月
			×				×	1
○		×				×		2
		×				×		3
		×				×		4
	○	×				×		5
		×				×		6
		×				×		7
		×				×		8
		×				×		9
		×				×		10
○		×				×		11
	○	×				×		12

2024 年

北西	西	南西	南	東南	東	東北	北	方位/月
×				×				1
	×				×			2
	×	○			×			3
	×	○			×			4
	×				×			5
	×				×			6
	×				×			7
	×				×			8
	×				×			9
	×	○			×			10
	×				×			11
	×	○			×			12

2023 年

北西	西	南西	南	東南	東	東北	北	方位/月
		×						1
×				×				2
×				×			○	3
×		○		×				4
×				×			○	5
×		○		×				6
×		○		×				7
×				×				8
×				×				9
×				×				10
×				×				11
×				×			○	12

2022 年

北西	西	南西	南	東南	東	東北	北	方位/月
×				×				1
		×			○			2
		×						3
		×						4
		×						5
		×						6
		×						7
		×	○		○		○	8
		×					○	9
		×						10
		×						11
		×						12

2027 年

北西	西	南西	南	東南	東	東北	北	方位/月
			×				×	1
			×				×	2
			×				×	3
			×				×	4
			×				×	5
			×				×	6
○			×				×	7
○			×				×	8
			×				×	9
			×				×	10
			×				×	11
			×				×	12

2026 年

北西	西	南西	南	東南	東	東北	北	方位/月
		×				×		1
	○		×				×	2
			×				×	3
			×				×	4
			×				×	5
			×				×	6
			×				×	7
			×	○			×	8
	○		×	○			×	9
			×				×	10
	○		×				×	11
			×				×	12

2025 年

北西	西	南西	南	東南	東	東北	北	方位/月
	×				×			1
		×		○		×		2
		×		○		×		3
		×				×		4
		×				×		5
		×				×		6
		×				×		7
		×				×		8
		×				×		9
		×				×		10
		×				×		11
		×		○		×		12

○は吉方位、×は凶方位です。

五《ご》黄《おう》土《ど》星《せい》

2021 年

北西	西	南西	南	東南	東	東北	北	方位/月
	×				×			1
×				×		○		2
×				×			○	3
×				×		○	○	4
×				×			○	5
×				×				6
×	○			×				7
×				×				8
×				×				9
×				×		○		10
×				×		○		11
×				×			○	12

2020 年

北西	西	南西	南	東南	東	東北	北	方位/月
		×			○	×		1
○	×				×			2
○	×				×			3
	×				×			4
	×				×			5
	×				×			6
	×			○	×			7
	×				×			8
○	×				×			9
	×				×			10
○	×				×			11
○	×				×			12

2019 年

北西	西	南西	南	東南	東	東北	北	方位/月
			×				×	1
		×			○	×		2
○		×				×		3
		×			○	×		4
		×			○	×		5
○		×				×		6
		×				×		7
○		×				×		8
		×				×		9
		×				×		10
		×			○	×		11
○		×				×		12

2024 年

北西	西	南西	南	東南	東	東北	北	方位/月
×				×		○	○	1
	×				×	○		2
	×				×	○	○	3
	×	○		○	×	○	○	4
	×				×		○	5
	×	○		○	×			6
	×	○		○	×			7
	×			○	×			8
	×			○	×			9
	×				×	○	○	10
	×	○			×	○		11
	×				×	○	○	12

2023 年

北西	西	南西	南	東南	東	東北	北	方位/月
	○	×						1
×				×	○			2
×			○	×				3
×				×			○	4
×			○	×				5
×			○	×	○			6
×			○	×			○	7
×			○	×	○		○	8
×				×				9
×				×	○			10
×				×	○			11
×				×				12

2022 年

北西	西	南西	南	東南	東	東北	北	方位/月
×				×		○		1
		×	○					2
○		×						3
	○	×						4
		×						5
		×	○					6
	○	×						7
○		×	○					8
	○	×						9
		×	○					10
		×	○					11
○		×						12

2027 年

北西	西	南西	南	東南	東	東北	北	方位/月
			×				×	1
	○		×				×	2
			×		○		×	3
		○	×	○			×	4
			×		○		×	5
		○	×	○	○		×	6
	○	○	×	○	○		×	7
			×	○	○		×	8
			×	○			×	9
	○		×				×	10
	○	○	×				×	11
	○		×		○		×	12

2026 年

北西	西	南西	南	東南	東	東北	北	方位/月
					○	×		1
○			×	○	○		×	2
○			×	○			×	3
			×				×	4
			×				×	5
			×		○		×	6
			×	○			×	7
			×		○		×	8
○			×	○			×	9
			×		○		×	10
○			×		○		×	11
○			×	○			×	12

2025 年

北西	西	南西	南	東南	東	東北	北	方位/月
	×			○	×	○	○	1
		×	○		○	×	○	2
		×			○	×		3
		×			○	×		4
		×			○	×		5
		×	○			×		6
		×				×	○	7
		×	○			×		8
		×	○			×	○	9
		×	○			×	○	10
		×	○		○	×	○	11
		×			○	×		12

○は吉方位、×は凶方位です。

六《ろっ》白《ぱく》金《きん》星《せい》

2021 年

北西	西	南西	南	東南	東	東北	北	方位／月
	×				×			1
×	○			×				2
×			○	×				3
×				×			○	4
×				×				5
×				×				6
×	○			×				7
×				×				8
×			○	×				9
×	○			×			○	10
×	○			×				11
×				×				12

2020 年

北西	西	南西	南	東南	東	東北	北	方位／月
		×				×		1
	×				×			2
	×				×	○		3
	×				×			4
	×				×			5
	×				×	○		6
	×				×			7
	×				×			8
	×				×			9
	×				×			10
	×				×			11
	×				×	○		12

2019 年

北西	西	南西	南	東南	東	東北	北	方位／月
			×				×	1
		×				×		2
		×				×		3
		×				×		4
		×				×		5
		×				×		6
		×				×		7
		×				×		8
		×				×		9
		×				×		10
		×				×		11
		×				×		12

2024 年

北西	西	南西	南	東南	東	東北	北	方位／月
×			○	×				1
	×				×		○	2
	×		○		×			3
	×		○	○	×		○	4
	×			○	×			5
	×				×			6
	×			○	×			7
	×			○	×			8
	×		○		×			9
	×		○		×		○	10
	×				×		○	11
	×				×			12

2023 年

北西	西	南西	南	東南	東	東北	北	方位／月
	○	×						1
×				×				2
×			○	×		○		3
×			○	×				4
×		○		×		○		5
×		○	○	×		○		6
×			○	×				7
×				×				8
×		○		×				9
×				×				10
×				×				11
×				×		○		12

2022 年

北西	西	南西	南	東南	東	東北	北	方位／月
×				×			○	1
		×					○	2
		×						3
	○	×						4
		×						5
		×				○		6
		×					○	7
	○	×					○	8
		×				○		9
		×					○	10
		×						11
		×						12

2027 年

北西	西	南西	南	東南	東	東北	北	方位／月
			×				×	1
	○		×				×	2
			×				×	3
			×	○			×	4
			×	○			×	5
○			×		○		×	6
○	○		×	○	○		×	7
			×	○			×	8
			×				×	9
	○		×				×	10
	○		×				×	11
			×				×	12

2026 年

北西	西	南西	南	東南	東	東北	北	方位／月
		×		○		×		1
			×				×	2
			×				×	3
			×				×	4
		○	×				×	5
		○	×				×	6
			×				×	7
			×				×	8
○		○	×				×	9
○			×		○		×	10
			×				×	11
			×				×	12

2025 年

北西	西	南西	南	東南	東	東北	北	方位／月
	×		○	○	×		○	1
		×		○		×		2
		×				×		3
		×		○		×		4
		×		○		×		5
		×				×		6
		×				×		7
		×				×		8
		×				×		9
		×				×		10
		×				×		11
		×				×		12

○は吉方位、×は凶方位です。

七《しち》赤《せき》金《きん》星《せい》

2021年

北西	西	南西	南	東南	東	東北	北	方位/月
	×				×			1
×				×			○	2
×			○	×				3
×				×				4
×				×				5
×				×				6
×				×				7
×	○			×				8
×			○	×				9
×	○			×			○	10
×				×			○	11
×	○			×				12

2020年

北西	西	南西	南	東南	東	東北	北	方位/月
		×				×		1
	×				×			2
○	×				×			3
	×				×			4
	×				×	○		5
	×				×			6
	×			○	×			7
	×			○	×			8
○	×				×			9
○	×				×			10
	×				×			11
○	×				×			12

2019年

北西	西	南西	南	東南	東	東北	北	方位/月
			×				×	1
		×				×		2
		×			○	×		3
		×				×		4
	○	×				×		5
		×				×		6
	○	×				×		7
		×				×		8
	○	×				×		9
		×				×		10
		×				×		11
		×			○	×		12

2024年

北西	西	南西	南	東南	東	東北	北	方位/月
×			○	×				1
	×				×	○		2
	×				×			3
	×			○	×	○		4
	×			○	×			5
	×			○	×			6
	×				×			7
	×				×			8
	×			○	×	○		9
	×				×			10
	×				×	○		11
	×				×			12

2023年

北西	西	南西	南	東南	東	東北	北	方位/月
○		×						1
×				×	○			2
×			○	×				3
×			○	×				4
×				×				5
×			○	×	○			6
×				×				7
×				×				8
×				×				9
×				×				10
×				×	○			11
×				×				12

2022年

北西	西	南西	南	東南	東	東北	北	方位/月
×				×				1
		×						2
○		×						3
		×						4
		×						5
		×				○		6
		×					○	7
○		×					○	8
		×						9
		×				○		10
		×						11
○		×						12

2027年

北西	西	南西	南	東南	東	東北	北	方位/月
			×				×	1
○			×				×	2
			×				×	3
			×	○			×	4
			×	○			×	5
○			×				×	6
○		○	×	○			×	7
			×				×	8
○			×	○			×	9
			×				×	10
○		○	×				×	11
			×				×	12

2026年

北西	西	南西	南	東南	東	東北	北	方位/月
		×		○		×		1
			×		○		×	2
○			×				×	3
			×				×	4
			×				×	5
			×		○		×	6
			×				×	7
			×				×	8
○			×				×	9
○			×				×	10
			×		○		×	11
○			×				×	12

2025年

北西	西	南西	南	東南	東	東北	北	方位/月
	×			○	×	○		1
		×		○		×		2
		×				×		3
		×		○		×		4
		×				×		5
		×		○		×		6
		×				×		7
		×				×		8
		×				×		9
		×				×		10
		×				×		11
		×				×		12

○は吉方位、×は凶方位です。

八《はっ》白《ぱく》土《ど》星《せい》

2021年

北西	西	南西	南	東南	東	東北	北	方位／月
	×				×			1
×				×				2
×				×		○		3
×				×		○		4
×				×			○	5
×				×				6
×				×				7
×				×				8
×				×				9
×				×		○		10
×				×				11
×				×		○		12

2020年

北西	西	南西	南	東南	東	東北	北	方位／月
		×			○	×		1
	×				×			2
	×				×			3
	×				×			4
	×				×			5
	×				×			6
	×				×			7
	×				×			8
	×				×			9
	×				×			10
	×				×			11
	×				×			12

2019年

北西	西	南西	南	東南	東	東北	北	方位／月
			×				×	1
		×			○	×		2
○		×				×		3
		×			○	×		4
		×			○	×		5
		×				×		6
		×				×		7
○		×				×		8
		×				×		9
		×				×		10
		×			○	×		11
○		×				×		12

2024年

北西	西	南西	南	東南	東	東北	北	方位／月
×				×		○		1
	×				×			2
	×				×	○		3
	×	○		○	×	○		4
	×				×			5
	×	○		○	×			6
	×	○			×			7
	×			○	×			8
	×				×			9
	×				×	○		10
	×				×			11
	×				×	○		12

2023年

北西	西	南西	南	東南	東	東北	北	方位／月
	○	×						1
×				×	○			2
×				×				3
×				×		○		4
×				×				5
×				×	○	○		6
×				×				7
×				×	○			8
×				×				9
×				×	○			10
×				×	○			11
×				×				12

2022年

北西	西	南西	南	東南	東	東北	北	方位／月
×				×		○		1
		×	○					2
○		×						3
	○	×						4
		×						5
		×	○					6
		×						7
○	○	×	○					8
	○	×						9
		×	○					10
		×	○					11
○		×						12

2027年

北西	西	南西	南	東南	東	東北	北	方位／月
			×				×	1
	○		×				×	2
			×		○		×	3
		○	×				×	4
			×		○		×	5
		○	×				×	6
	○	○	×		○		×	7
			×		○		×	8
			×				×	9
			×				×	10
	○		×				×	11
	○		×		○		×	12

2026年

北西	西	南西	南	東南	東	東北	北	方位／月
		×			○	×		1
○			×	○			×	2
			×				×	3
			×				×	4
			×				×	5
			×				×	6
		○	×	○			×	7
			×				×	8
○		○	×	○			×	9
		○	×				×	10
○			×				×	11
			×				×	12

2025年

北西	西	南西	南	東南	東	東北	北	方位／月
	×			○	×	○		1
		×	○		○	×	○	2
		×				×		3
		×			○	×		4
		×			○	×		5
		×	○			×		6
		×				×	○	7
		×	○			×		8
		×				×		9
		×				×		10
		×	○		○	×	○	11
		×				×		12

○は吉方位、×は凶方位です。

九《きゅう》紫《し》火《か》星《せい》

2021 年

北西	西	南西	南	東南	東	東北	北	方位/月
	×				×		○	1
×				×	○			2
×				×	○			3
×				×			○	4
×				×				5
×	○			×	○			6
×	○			×				7
×				×			○	8
×				×			○	9
×				×	○			10
×				×	○			11
×				×	○			12

2020 年

北西	西	南西	南	東南	東	東北	北	方位/月
		×				×		1
	×				×		○	2
	×	○			×		○	3
	×				×		○	4
	×	○			×			5
	×				×			6
○	×				×		○	7
○	×				×			8
	×				×			9
	×				×			10
	×				×		○	11
	×				×		○	12

2019 年

北西	西	南西	南	東南	東	東北	北	方位/月
			×				×	1
		×				×		2
		×				×		3
		×				×		4
		×				×	○	5
		×	○			×		6
		×				×	○	7
		×				×		8
		×				×		9
		×				×	○	10
		×				×		11
		×				×		12

2024 年

北西	西	南西	南	東南	東	東北	北	方位/月
×				×	○			1
	×			○	×			2
	×				×			3
	×			○	×		○	4
	×				×			5
	×				×			6
	×			○	×			7
	×				×		○	8
	×				×		○	9
	×				×		○	10
	×				×			11
	×				×			12

2023 年

北西	西	南西	南	東南	東	東北	北	方位/月
		×		○		○		1
×				×				2
×				×				3
×				×	○			4
×				×	○			5
×				×	○			6
×				×				7
×				×				8
×				×				9
×				×				10
×				×				11
×				×				12

2022 年

北西	西	南西	南	東南	東	東北	北	方位/月
×				×			○	1
		×						2
		×			○	○		3
		×				○		4
		×						5
		×						6
		×			○			7
		×		○	○			8
		×						9
		×						10
		×						11
		×			○	○		12

2027 年

北西	西	南西	南	東南	東	東北	北	方位/月
	○		×		○		×	1
			×	○			×	2
			×				×	3
			×	○			×	4
			×				×	5
	○		×				×	6
	○		×	○			×	7
			×				×	8
			×				×	9
	○		×				×	10
			×				×	11
			×				×	12

2026 年

北西	西	南西	南	東南	東	東北	北	方位/月
		×				×		1
			×				×	2
			×				×	3
	○		×		○		×	4
			×		○	○	×	5
			×		○		×	6
			×				×	7
			×				×	8
	○		×			○	×	9
	○		×			○	×	10
			×				×	11
			×				×	12

2025 年

北西	西	南西	南	東南	東	東北	北	方位/月
	×			○	×		○	1
		×				×		2
		×				×		3
		×				×		4
		×				×		5
		×				×		6
		×				×		7
		×				×		8
		×				×		9
		×				×		10
		×				×		11
		×				×		12

○は吉方位、×は凶方位です。

吉方位の割り出し方と活用法

ここでは、吉方位の割り出し方と、吉方位の効果的な活用法を紹介します。吉方位のパワーを積極的に取り入れて、開運ライフを送りましょう！

自宅の位置を起点に吉方位を割り出す

吉方位を調べたら、次は具体的に地図を使って、吉方位（8方位）を割り出しましょう。吉方位は自宅から750m以上離れた場所を指します。起点となるのは自分が住んでいる自宅の位置です。

吉方位で使うのは、下の方位盤です。くれぐれも注意してほしいのが、家の間取りの方位を調べるときの方位盤とは異なること。この方位盤は、東、西、南、北が各30度、東北、東南、北西、南西が各60度となっています。

吉方位の方位盤

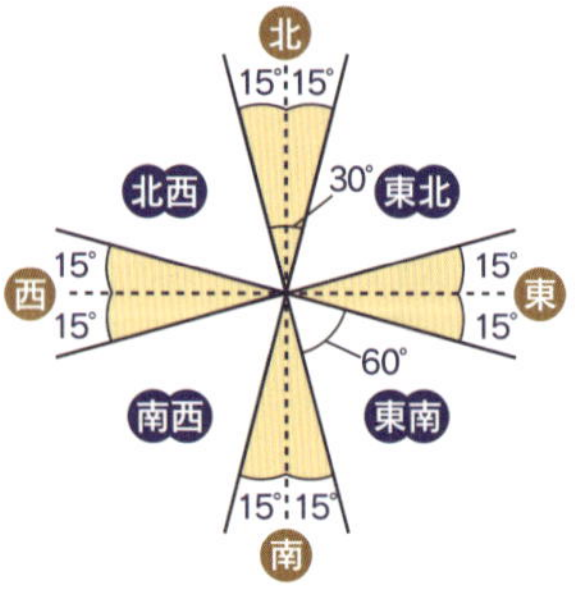

8方位の割り出し方

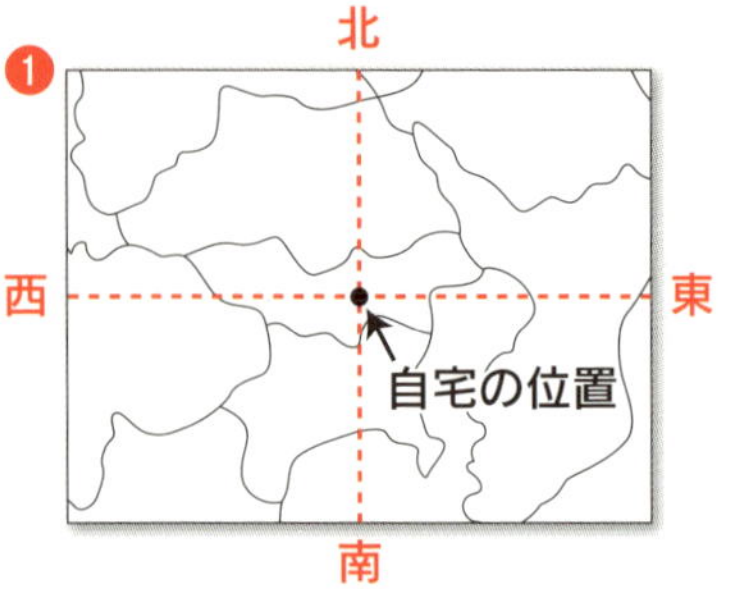

地図を用意し、自宅の位置を起点に東西南北に点線を書きましょう。

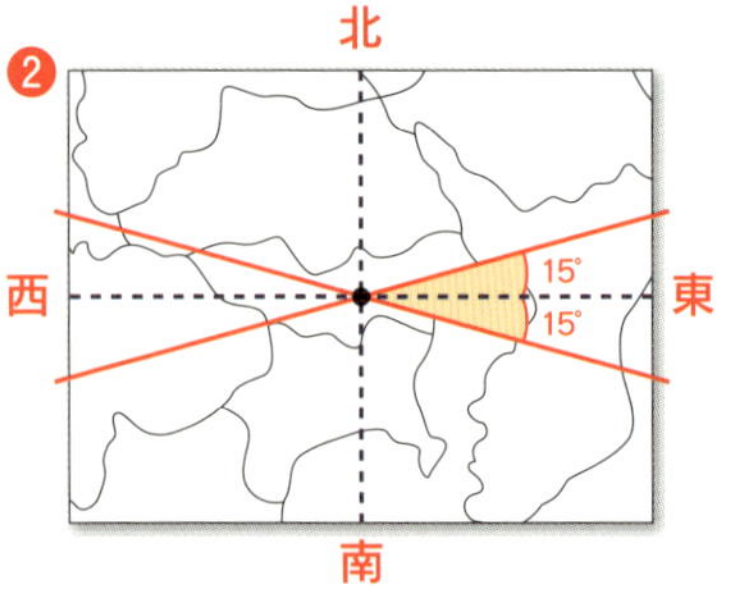

東、西の上下15度ずつをはかって線を書きます。

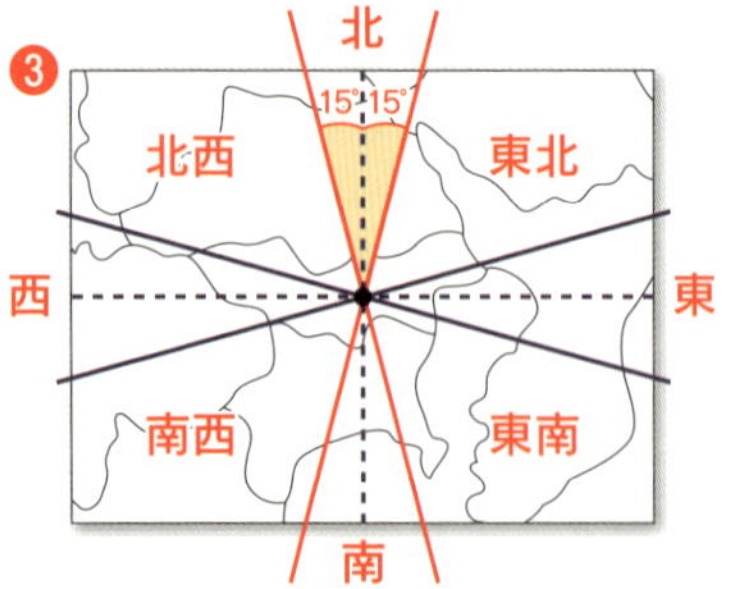

北、南の左右15度ずつをはかって線を書きます。これで8方位が割り出されます。

※方位は正確に割り出すことが大切です。あやまって凶方位に行くことにならないためにも、必ず分度器を使って行いましょう。

吉方位のパワーを活用しましょう その1

ショッピング

日常生活のなかのショッピングにも、吉方位の影響はあります。吉方位でショッピングをすれば自分にとってよいものと出会い、衝動買いや、必要のないものへの無駄遣いを避けることができます。

ここでは、吉方位で買うのに、とくにおすすめのものを紹介します。正しい判断で、失敗のないショッピングをするための、参考にしてください。

大きな買いものの失敗を避ける

車や電化製品、ブランド品など、金額の大きな買いものは、後悔してもしきれないもの。ついお店の人の営業力に負けて予算以上のものを買ってしまうなど、余計な出費をしないためには、吉方位を利用して。判断に迷ったら、自宅から店の方角の吉凶を一度確認してみましょう。

宝くじの当選率アップ

宝くじこそ、運がすべて。宝くじの購入には、ぜひ吉方位のエネルギーを味方につけて。吉方位にある宝くじ売り場を調べ、吉日に買いに行きましょう。

ただし宝くじに最適な保管場所は、吉方位とは異なり、勝負運を持つ北西が◎です。→保管の仕方は186ページへ

パワーストーンの力をより高める

吉方位で買ったパワーストーンには、その石の持つパワーのほかに、吉方位のエネルギーが込められています。また、パワーストーンはエネルギーを蓄えておく機能もあるので、すでに持っているパワーストーンを吉方位へ持って行って、よい気をチャージするのもおすすめ。

土地のパワーは歩いてこそ！

その土地のエネルギーを取り込むのにいちばんよい方法は、歩くこと。足の裏からしっかりと大地のパワーを受け取りましょう。

よりたくさんのエネルギーを吸収できるよう、ゆっくりと時間をかけて歩きましょう。

吉方位のパワーを活用しましょう その2

旅行

土地にはそこだけが持つパワーがあります。その土地の空気や食べものから、その土地のよい気を取り込みましょう。

吉方位で旅行をすると、事故などの不運が避けられるとされています。ただ、人によっても吉方位は異なるため、複数で行くときは全員分をきちんと確認して。吉方位の人がいちばん多い方向に行くとよいでしょう。

現地のものを食べて味覚でパワーを吸収

その土地の名物料理や特産品は、土地の強いエネルギーを持っています。野菜や魚介類など、その土地ならではの味を楽しみましょう。とくに旬の食材は効果絶大。

食事は楽しみながらすること。笑顔でいただくことも運気アップの秘訣です。

早起きをして強いパワーをゲット

朝は、旅先の土地のエネルギーを、太陽のよい気と一緒に吸収できるチャンス。旅先だからこそ早起きをして活動し、朝のよい気を体に取り込みましょう。

また、旅先への出発当日も、早起きをして朝のよい気を取り込んでおくと、その日一日の運気がアップします。

その土地に泊まって エネルギーチャージ

人は寝ている間に、新しい気をチャージするため、旅先のよい気を取り込むにはその土地で眠ることがいちばん。日帰りよりも、泊まりがけの旅行を計画して。

たくさん泊まるほど、よい気をたくさん吸収できるので、連泊ならさらに運気アップも。

その土地の特産品を 買って運気を運ぶ

旅先では、そこの名産品や特産品を買って帰りましょう。帰宅してからも、旅先の土地のエネルギーを取り込めます。

おみやげに名産品を買うなら、食べものがベスト。食べることで､旅先のパワーをお裾分けできるうえ、相手の負担にもなりません。

古い下着を捨てて 気の巡りを活性化

吉方位に旅行へ出かけたら、身につけていた古い下着を捨て、新しい下着で帰宅しましょう。体に直接触れる下着は、気の巡りを活性化させます。捨てるときは白い布や紙で包んで。ただし、宿泊先によっては捨てられない場合もあるので、無理に捨てるのはやめましょう。

温泉につかって 水のパワーを得る

温泉に入ると、土地から湧き出るパワーを肌で吸収でき、運気もアップ。かけ流しならベスト。湯上がりに水を一杯飲んで少し横になると、取り込んだよい気が体に定着するといわれています。

露天風呂なら、外気からもパワーが得られるのでより効果があります。

吉方位のパワーを活用しましょう

その③

パワースポットめぐり

吉方位にあるパワースポットを訪れるのも運気アップに効果的。出かける前には、まず自分の部屋の整理整頓をして、自分自身の受け入れ態勢を整えましょう。そうすることで、さらによいパワーを取り込むことができます。

ついでにパワースポットへ寄ってみるというような、ついで詣ではNG。パワースポット行きをメインに計画を立てましょう。

神のご加護を味方につける

日本各地でパワースポットといわれる場所は、神社仏閣がほとんど。神々が宿るとされる神聖な場所だからこそ、ルールやマナー（詳しくは210ページ）には十分注意しましょう。また、パワーを分けていただくという気持ちを持って訪れることが大切。お礼参りも忘れずに。

豊かな緑からエネルギーをもらう

山そのものがご神体となっている場所は、まさにパワーのかたまり。また、長い間そこに根を張ってきた樹齢何百年、何千年以上もの木は、強い生命力に満ちています。心を鎮め、自然のエネルギーを受け取りましょう。ただしご神木には触れてよいものと悪いものがあるので注意。

マイナスイオンで心を浄化

滝や井戸、湧き水など、清らかな自然の水が流れているところは、マイナスイオンがあふれており、パワースポットになっているところも多数。水にはいやしのエネルギーもあるため、リラックス効果もあるとされています。日々のストレスを浄化しましょう。

こんなときどうするの？
凶方位対策

凶方位は、できれば行くのは避けたいもの。ここでは、どうしても出向かなければならなくなった場合の対策方法を紹介します。

凶方位に会社があったら…
休みの日にエネルギーをチャージしよう
風

会社が凶方位にあるようなら、自宅を引っ越すのもひとつの方法。ただ、引っ越したいからといって、すぐに実行するのは難しいもの。

すぐにできる対策は、休日にエネルギーをチャージすること。休日のお出かけやショッピングをできるだけ吉方位に行くようにして、一週間分のパワーを充電しましょう。

凶方位に出張や旅行に行くことになったら…？
できるだけ日帰りに
風

出張や急な用事などで凶方位に行くことを避けられない場合には、できれば日帰りに。日帰りなら、凶方位で過ごす時間を短縮できます。凶方位に行っても、帰ってきてから、改めて吉方位に行って、パワーをもらえば問題ありません。どうしても心配なら、行く前に神社に行き、旅の安全や厄除けをお願いしておきましょう。

凶方位に転勤になったら…？
転居先の風水行動を徹底する
風

転勤先が凶方位だとしても、転職を考えるならともかく、ふつうは断るわけにはいきません。

そのような場合は、転居先を整理整頓したり、盛り塩を置いたりするなどの風水行動を徹底することで悪影響をおさえましょう。しばらくの間、休日ごとに吉方位へ出かけるのもおすすめです。前向きに考えて過ごしましょう。

COLUMN

マナーを守って運気アップ

正しい参拝で開運祈願

パワーをたっぷり
いただこう

正しい参拝は開運祈願の基本。ここでは基本のマナーを紹介します。
神さまがいる神社は、とても神聖な場所。
正しい参拝をしてこそ、運気を呼び込むことができます。
服装にも気を配り、ラフすぎる格好は避けたほうがよいでしょう。
また、お願いするだけでなく、お礼参りもきちんと行きましょう。

1
わぁ～ やっぱり 神社にくると パワーを 感じるね
2
神社の鳥居を くぐるときは まず一礼じゃ 神聖な場所への 入口じゃからな
ぺこり
3
手水をして 心身を清めたら 参拝じゃ
おっと くれぐれも お賽銭《さいせん》は 投げ入れず そっと入れる んじゃ
え!?
4
参拝は心を込めて 行うことが大事じゃ そうすれば 神さまも味方 してくれるぞ
おねがいしますっ!!
パンパン

拝礼の作法

1. 手水を行った後、心を鎮めて、鈴を数回鳴らします。

↓

2. 賽銭箱《さいせんばこ》にお賽銭を入れ、腰を 90 度に曲げて深くお辞儀を二度行います。

↓

3. 両手を胸の高さで合わせ、二回手を打ちます。

↓

4. 両手を下ろし、最後にもう一度深くお辞儀をし、心を込めて祈ります。

手《ちょう》水《ず》の作法

1. 柄杓《ひしゃく》を右手で持って水をすくい、左手に少量の水をかけて洗います。

↓

2. 柄杓を左手に持ちかえ、同じように少量の水で右手を洗います。

↓

3. もう一度柄杓を右手に持ち、左手で柄杓の水を受けて口に含みます。

↓

4. 柄杓を立てて残りの水で柄を流し清め、柄杓を元の場所に戻します。

お札やお守りは一年を目安にお返しを

お札やお守りは、いただいた神社にお返しするのが原則。**いただいてから、一年を目安にお返しします。**

お返しするには、直接、その神社を訪れるのが基本ですが、遠方などで無理なら郵送を。受けてもらえないようなら、近所の神社に持ち込みを相談してみましょう。

いらなくなったからといって、**お札やお守りをゴミと一緒に捨てるのは、絶対にNG**です。最後まで、きちんと心を込めて扱いましょう。

エネルギーの
吸収率がアップ

くよくよ
悩まなくなる

理想の
スタイルを
維持できる

健康運

疲れやストレスがたまっている人、老化を防ぎたい、ダイエットを成功させたいという人は要チェック。

健康的に美しくなる！

丈夫で健康な体をキープ

心も体もリラックス

にっこり♪
好感度がアップする！

コミュニケーションがうまくなる！

人間関係運

人間関係のトラブルが絶えない人や、人づき合いが苦手な人はここを見よう！

人間関係の誤解を防ぐ

人との出会いに恵まれる！

友情がいっそう深まる！

○×会議
意見交換が
活発になる！

まわりに
味方がつく
上司に
申し伝えて
おきます

仕事運

才能が発揮できない、頑張っているのに成果が出せないなど、仕事に悩んでいる人はここを見よう！

家庭運

穏やかで安定した家庭生活を築きたい、夫婦円満でありたいという人は、ここを見よう！

家族円満
夫婦仲も
良好に

恋愛運

出会いがない、好きな人と結ばれたい、結婚したい、などの恋の悩みを解決したい人はここを見よう！

恋が実る確率を上げる！

デートのメニューはパスタが◎

良縁を引き寄せる！

品格が
アップする！

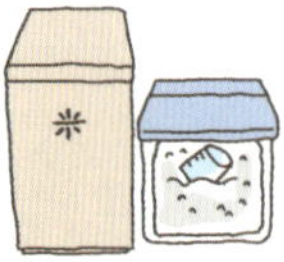

お金に
好かれる！

ATM
無駄遣いを
しなくなる！

わ～♡
キラキラー
スキスキー!!
金
金運を
どんどん招く

金運

とにかく金運がほしい！　お金を貯めたい！　という人や浪費ぐせをやめたくて悩んでいる人は、ここを見よう！

金運がやってくる！

正しい金銭感覚が身につく！

あらゆる悪運を
すっきり流す！

いつも前向き
になれる！

ほしい運気の開運方法がすぐにわかる！

運気別 インデックス

本書ではたくさんの開運方法を紹介してきました。
こんなにたくさん実行できない！　という方のために
ほしい運気を上げる方法だけを簡単に調べられるよう、
本書で紹介した内容の中から、おもな開運方法を運気別にまとめました。
自分に合った風水の取り入れ方を探してみましょう。

全体運

全体的に運気を上げたい人や、厄除けで不運なできごとやトラブルを回避したい人はここを見よう！

監修者

開運セラピスト　紫月香帆（しづき・かほ）

幼い頃より占いや家相・風水に親しんで育ち、高校在学中から女優など芸能活動を始める。独学で九星気学を習得、のちに本格的に手相を学ぶ。四柱推命、風水、九星気学、手相・人相などを得意とし、そこにタロットや姓名判断などを取り入れ、豊富な占術の知識を生かした鑑定をする。的中率の高さとわかりやすく具体的なアドバイスには定評があり、さらに四柱推命と風水をベースにした独自の『宿命カラー風水』、『十干風水』、『五感風水』を確立し、開運セラピストとしてテレビや雑誌、携帯コンテンツなど幅広く活躍中。『やってはいけない風水』（河出書房新社）、『風水美活』（小学館）ほか、著書も多数。

公式ホームページ **http://pc.uranai.jp/shizuki/**

Staff

装丁・本文デザイン…monostore（熊田愛子）
漫画・イラスト………すぎやまえみこ
執筆協力……………山本敦子
DTP…………………有限会社新榮企画
編集協力……………株式会社スリーシーズン（藤門杏子、奈田和子）
編集担当……………ナツメ出版企画株式会社（遠藤やよい）

神《かみ》さまが教《おし》える 風《ふう》水《すい》の教《きょう》科《か》書《しょ》

2014年 11月 4日　初版発行
2020年 4月 10日　第11刷発行

監修者　**紫《し》月《づき》香《か》帆《ほ》**
発行者　**田村正隆**

発行所　**株式会社ナツメ社**
〒101-0051　東京都千代田区神田神保町 1-52　ナツメ社ビル 1F
電話　03-3291-1257（代表）　FAX　03-3291-5761
振替　00130-1-58661
制　作　**ナツメ出版企画株式会社**
〒101-0051　東京都千代田区神田神保町 1-52　ナツメ社ビル 3F
電話　03-3295-3921（代表）
印刷所　**ラン印刷社**

ISBN978-4-8163-5721-3
Printed in Japan
〈定価はカバーに表示してあります〉
〈落丁・乱丁本はお取り替えします〉